혼자서도
스타트업

.

혼자서도 스타트업

1판 1쇄 인쇄 2022. 4. 1.
1판 1쇄 발행 2022. 4. 8.

지은이 조현영

발행인 고세규
편집 박완희 디자인 조명이 마케팅 백미숙 홍보 이한솔
발행처 김영사
등록 1979년 5월 17일(제406-2003-036호)
주소 경기도 파주시 문발로 197(문발동) 우편번호 10881
전화 마케팅부 031)955-3100, 편집부 031)955-3200 | 팩스 031)955-3111

값은 뒤표지에 있습니다.
ISBN 978-89-349-0790-9 03320

홈페이지 www.gimmyoung.com   블로그 blog.naver.com/gybook
인스타그램 instagram.com/gimmyoung   이메일 bestbook@gimmyoung.com

좋은 독자가 좋은 책을 만듭니다.
김영사는 독자 여러분의 의견에 항상 귀 기울이고 있습니다.

혼자서도 스타트업

1인 스타트업 '해주세요'
조현영 대표의
창업 성공 스토리

조현영 지음

김영사

처음부터 1인 스타트업은
아니었다

———————— 2020년 1월은 나에게 평생 잊지
못할 달이다.

당시 우리 회사는 영어권 의료관광객에게 국내 성형외과를 추
천해주는 성형 정보 앱 '뷰티소셜BeautySocial'을 운영하고 있었다.
오랜 준비 끝에 중국어, 일본어, 러시아어 등 다른 언어 서비스를
동시에 출시한 때가 바로 그해 1월이었다. 그리고 하필 그달 국
내 첫 코로나19 확진자가 발생하고 줄지어 한국을 찾던 외국인
들의 발걸음이 뚝 끊겼다.

20여 명의 직원과 힘을 합쳐 야심 차게 출시한 서비스가 하루
아침에 무용지물이 되었다. 우리가 할 수 있는 일은 없었다. 바이

러스의 대공습은 숱한 시행착오를 거쳐 한 계단 한 계단 쌓아 올린 것들을 단번에 무너뜨렸다.

회사는 폐업의 문턱에 섰다. 회사에 부담을 주기 싫어서였을까. 직원들은 하나둘 회사를 떠나갔다. 코로나19가 터진 지 불과 5개월 만에 나는 혼자가 되었다. '오랜 기간 애쓴 보람도 없이 이렇게 허무하게 폐업하는구나.' 절망과 낙담이 엄습했다. 그러나 매일매일 애를 태우고 마음을 졸이면서도 돌파구를 찾기 위해 악착같이 노력했다.

그로부터 2년이 흘렀다. 나는 여전히 혼자 회사를 운영하고 있다. 예나 지금이나 힘든 것은 마찬가지지만, 2년 전과는 사뭇 다른 경험을 하고 있다.

2020년 6월에 출시한 남성 성형 정보 앱 '그루밍족'은 반년 만에 월 매출 1억 원을 달성했고, 2021년 6월에 출시한 심부름 대행 앱 '해주세요'는 10개월 만에 80만 다운로드를 기록했다. 1인 회사가 된 이후 기적 같은 일이 연달아 일어난 것이다.

대학을 졸업하고 군대를 다녀온 후 나는 보름 만에 아무런 연고도 없는 일본으로 향했다. 일본어를 할 줄 몰랐지만 일본이라는 낯선 나라, 지금까지와는 전혀 다른 환경에서 새로운 도전을 해보고 싶었다. 내가 IT 업계에 처음 몸담은 계기는 단순히 일본에서 유일하게 합격한 회사가 IT 회사였기 때문이다.

긴 도전 끝에 도쿄의 IT 회사에 취직해 스마트폰을 처음 접했다. 스마트폰이 막 나오기 시작한 때였는데, 스마트폰이 인간의 삶을 어떻게 변화시키고 지배하게 될지 IT 산업의 미래를 엿볼 수 있었다.

2년 후, 그 회사의 한국 지사가 설립되면서 한국에 돌아온 나는 미국의 IT 회사를 거쳐 카카오에서 근무했다.

카카오 전략지원팀에서 일할 당시 실리콘밸리에 있는 IT 기업들을 자세히 들여다볼 기회가 많았다. 실리콘밸리는 내가 대학 시절을 보낸 곳이었다. 같은 캠퍼스에서 공부했던 친구들, 심지어 같은 기숙사를 썼던 친구들이 세운 스타트업들이 한국의 대기업인 카카오마저도 우러러보는 거대 IT 기업이 되었다는 사실에 적잖은 충격과 자극을 받았다.

그때부터 나도 내 회사를 운영하고 싶다는 생각이 머릿속에 자리 잡았다. 매일같이 실리콘밸리에 있는 유니콘 기업들을 들여다보면서, 더 늦기 전에 시작해서 저 유니콘 기업의 창업자들처럼 되고 싶다는 열망에 휩싸였다. 그곳에서 들려오는 성공 소식들이 내 안의 도전정신에 불을 붙인 것이다.

나날이 차오른 열망과 도전정신이 나를 창업의 길로 이끌었다. 카카오를 그만두고 미국에서 창업한 나는 숱한 실패의 칼날로 사업가로서의 지혜와 강단, 그리고 실력을 예리하게 갈고닦았다.

철학자 니체는 말했다.

나를 죽이지 못하는 것은 오히려 나를 강하게 만든다.
What doesn't kill me makes me stronger.

회사를 운영하면서 폐업 위기에 몰린 적도 많고 '이렇게 끝나는 걸까?' 하고 낙담할 때도 있었다. 그러나 나를 죽이지 못한 실패와 좌절은 오히려 나를 더 강하게 만들었고, 바퀴벌레 같은 생존력으로 무장하게 했다.

이 책은 내가 지난 7년간 IT 스타트업을 운영하며 겪은 도전과 실패에 대한 기록이며, 그 과정에서 찾은 경영 노하우를 담고 있다. 7년 전의 나처럼 창업을 고민하는 청년들, 스타트업 운영에 어려움을 느끼는 분들에게 이 책이 작게나마 도움이 된다면 더 바랄 것이 없겠다.

모든 창업자의 건승을 빈다.

프롤로그
처음부터 1인 스타트업은 아니었다 … 4

1

창업
조언,
해주세요

스타트업은 전쟁이다 … 15

첫 서비스는 망한다 … 20

위기는 곧 기회다 … 28

모든 스타트업은 실패를 전제한다 … 34

한 대기업 CEO의 조언 … 36

좋은 직장 경력이 독이 될 수 있다 … 40

학벌은 중요하지 않다 … 44

공동 창업에 대한 생각 … 48

회사 지분 함부로 주지 마라 … 52

불가능은 없다 … 57

2

경영 조언, 해주세요

직원이 왜 필요한가? … 63

프리랜서를 최대한 활용하라 … 70

모든 것을 시스템화하라 … 74

캡틴 아메리카보다는 타노스가 되어라 … 80

투자받지 마라 … 83

매각하지 마라 … 88

한눈팔지 말고 본업에 올인하라 … 97

생각의 끈을 놓지 마라 … 101

3

서비스 기획 조언, 해주세요

서비스는 품질이 가장 중요하다 … 107

서비스 기획부터 시작하라 … 112

서비스명이 중요하다 … 118

믿을 수 있는 플랫폼을 만들어라 … 123

피보팅을 염두에 두어라 … 127

경쟁하지 말고 독점하라 … 131

버티컬이 없는 시장을 공략하라 … 136

20대 대학생의 목소리에 귀 기울여라 … 138

될성부른 서비스는 떡잎부터 다르다 … 142

마케팅 조언, 해주세요

좋은 서비스를 만들었다면 투자하라 … 149

언론을 활용하라 … 152

유의미한 데이터에 집중하라 … 157

내 서비스의 전도사가 되어라 … 161

매출 vs. 유저 수 … 165

결국 마케팅의 핵심은 좋은 서비스다 … 169

5

고객 관리
조언,
해주세요

고객의 마음을 사라 … 175

고객을 화나게 하지 마라 … 179

서비스 운영은 엄격하게 하라 … 182

고객 응대는 대표가 하라 … 186

완벽주의 성향이 고객 만족도를 높인다 … 191

일단 실행하라 … 194

에필로그
늘 갈망하고 우직하게 나아가라 … 196

START U^P

창업
조언,
해주세요

스타트업은
전쟁이다

92퍼센트. 벤처캐피털 캡스톤 파
트너스의 자료에 따르면 IT 스타트업의 92퍼센트가 창업 후 3년
안에 폐업한다고 한다. 성공하는 회사는 극소수에 불과하고, 3년
간 생존할 확률조차 8퍼센트밖에 안 된다는 얘기다.

3년 내 폐업률이 92퍼센트라면 4년, 5년 내 폐업률은 또 얼마
가 될 것인가. 정말 충격적인 수치이지만, 7년 동안 IT 스타트업
을 운영해본 나로서는 고개가 끄덕여지기도 한다. 스타트업이 시
작은 쉽지만 폐업하지 않고 유지하기는 정말 어렵다는 사실을
온몸으로 경험했기 때문이다.

물론 창업자들도 스타트업 성공이 어렵다는 것을 안다. 그래
도 여전히 신규 창업자는 줄어들지 않고 있다. 마치 어린아이들
이 연예계 상위 1퍼센트의 유명 아이돌처럼 되고 싶다는 부푼 꿈
을 안고 엔터테인먼트 시장에 들어가듯이, 어른들도 제2의 네이
버나 카카오를 꿈꾸며 안정된 직장을 박차고 나온다.

그들은 다년간의 직장 생활에서 쌓은 전문성과 인맥을 발판 삼아 창업의 대열에 뛰어든다. 사무실을 얻고, 직원을 채용하고, 퇴직금과 모아놓은 돈이 소진될 때까지 전력 질주를 한다. 그러다 제풀에 지쳐 주저앉는다.

왜 이런 일이 벌어지는 것일까? 직접 스타트업의 현실을 경험하기 전까지는 통계상의 92퍼센트가 그냥 숫자로만 보이기 때문이다. 전염병으로 전 세계에서 수백만 명의 사람이 사망했다는 기사를 봐도 사망자 수가 공포와 경악, 슬픔으로 와닿는 게 아니라 아무 감흥 없는 숫자로만 인식되는 것과 같은 이치다.

지인 중에 개발자 출신 변호사가 있다. 공대를 나와서 개발자로 활동하다가 뒤늦게 로스쿨에 들어가 지금은 어느 대기업에서 변호사로 활동하고 있다. 어느 날 그에게서 연락이 왔다. 앞뒤 설명도 없이 대뜸 만나자는 요청에 무슨 일이 있나 싶어 부랴부랴 약속 장소로 향했다. 그리고 그의 첫마디에 맥이 턱 풀려버렸다.

"나도 스타트업을 하고 싶어."
"지금 하는 일은 어쩌고요?"
"지루해. 맨날 그 일이 그 일이야."

개발자로 일하다가 더 안정적인 직장을 갖고 싶어서 변호사가 되었는데, 막상 대기업 변호사로서 10년 이상 똑같은 업무를 반복하다 보니 너무 지루하고 옛날이 그리운 모양이었다.

"목숨 걸고 해도 될까 말까인데, 심심풀이로 스타트업을 하시겠다?"

"들어봐. 이래 봬도 내가 개발자 출신 아니냐. 진짜 기막힌 아이디어가 있다니까? 잘될지는 모르겠지만, 한번 들어봐주라."

개발자 출신이어서 그런지 아이디어는 많은 사람이었다. 하지만 나는 듣기도 전에 답했다.

"그 아이디어는 안 될 거예요."

"뭐야? 왜 들어보지도 않고 그래?"

"본인도 그 아이디어가 잘될지 안될지 모르는데, 그 아이디어로 창업을 한다는 건 너무 위험한 모험이에요."

그의 아이디어를 들은 뒤에도 내 결론은 그대로였다. 아이디어도 좋지 않았을 뿐 아니라, '이 아이디어를 기반으로 창업을 하면 잘되지 않을까? 난 그래도 개발자 출신인데'라는 그의 가벼운 태도가 스타트업 창업에 맞지 않는 것 같았다.

창업에 대한 확고한 신념도 없이 안정적인 직장을 박차고 나온다는 것은 화약통을 안고 불에 뛰어드는 격이다. 열이면 열, 망하게 돼 있다. 자신이 가진 모든 것을 쏟아부을 일에는 그렇게 안일한 태도로 접근하면 안 된다. 사업 실패는 내 인생은 물론 내 가족의 인생까지 좌우할 수 있는 중요한 문제이기 때문이다.

스타트업 창업에 앞서, 사업에서 발생할 수 있는 문제들을 미리 점검하고 대비하는 과정이 꼭 필요하다. 실패의 크기와 횟수를 줄일 수 있을 뿐 아니라, 실패하더라도 빠르게 회복하고 새로운 도전의 전환점을 마련할 수 있기 때문이다.

자기 사업을 하는 것은 월급을 받으며 직장에 다니는 것과 완전히 다르다. 직무에 따라 다르겠지만, 직장 생활에서는 대체로 회사의 근본을 뒤바꿀 만큼 새로운 것을 창조할 기회가 드물다. 고용주와 직장 선배들이 나에게 기대하는 바는 그들이 수년 혹은 수십 년 동안 만들어놓은 시스템에 잘 적응하여 부여받은 임무를 완수하는 것이다. 이미 만들어진 환경에서 최선을 다하고 적절하게 인간관계를 맺으면 능력을 인정받을 수 있다.

그러나 직장을 박차고 나오는 순간, 그동안 내가 힘들게 쌓아온 '기득권'은 사라진다. 안정적인 직장이라는 프리미엄이 한순간에 사라지고 나면 나를 향한 주변의 인정이 얼마나 신기루 같은 것이었는지 깨닫게 된다. 내가 지닌 강점들도 어쩌면 회사 조직 안에서 정해진 임무를 수행하는 능력에 불과한 것은 아니었을지 회의감이 들 때도 있을 것이다.

스타트업 창업은 벌거벗은 채 정글로 뛰어드는 것과 같다. 아무도 나를 지켜주지 않는다. 이 세계는 보호는커녕 내 입에 들어간 먹이까지 뺏어 가려고 이빨을 드러내는 맹수들로 득시글거리는 야생의 벌판이다. 새로운 경쟁자의 성장은 물론 등장 자체를 바라지 않는 사람들 틈에서, 내가 평생토록 쌓아온 스펙도 인맥도 맥을 못 춘다. 고객들에게 사랑받을 제품 또는 서비스를 내놓는 것만이 생존을 보장한다.

그런데 많은 창업자가 '고객 만족'이란 본령에는 집중하지 않고 사업 초기부터 이곳저곳을 찾아다니며 투자금을 받을 꿈에 부푼다. 정글에 갓 들어온 최약체가 자신의 힘을 키울 생각은 않고 호랑이나 사자 같은 맹수의 힘을 빌릴 생각부터 한다면 결과는 뻔하다.

스타트업은 전쟁이다. 전쟁에서 살아남기 위해서는 창업자 스스로 강해지지 않으면 안 된다. 기획, 개발, 마케팅, 고객 관리 등 사업 전반을 아우르는 안목과 실무 능력을 키우고, 투자 유치에 앞서 시장의 판도를 움직일 서비스를 개발해야 한다. 이것이 '3년 내 폐업률 92퍼센트'라는 수치 뒤에 펼쳐진 죽음의 계곡에서 살아남는 유일한 길이다.

첫 서비스는
망한다

──────────────── 2015년, 카카오를 퇴사하고 미
국에서 창업하겠다는 결심을 밝혔을 때 주변 사람들의 반응은
의외로 긍정적이었다. 그들은 나의 미국행을 응원하면서 내가 한
국에서의 직장 생활에 만족하지 않을 것을 예상했다는 듯이 이
렇게 말했다.

"미국에서 사업 잘되면 나 취업 비자 발급 좀 도와줘."
"나도 미국에 이민 갈 수 있게 길 좀 열어줘."

당시 나에게 부정적인 피드백을 준 사람은 카카오 이제범 대
표님이 유일했다.

"이번 달에 퇴사하고 미국으로 가서 창업하려고 합니다."

내가 이렇게 말씀드리자, 대표님은 딱 한 말씀만 하셨다.

"첫 서비스는 망합니다."

이게 도대체 무슨 뜻일까? 나를 여러 날 고민하게 만든 의미심장한 한마디였다.

사실 국민 메신저 앱이 된 '카카오톡'도 카카오의 첫 서비스가 아니다. 카카오가 숱한 시행착오를 거쳐 창업 3년 만에 시장에 내놓은 네 번째 서비스였다. 이전 서비스들은 시장에서 큰 빛을 보지 못했다. 그러나 퇴사 결심을 전할 당시에는 첫 서비스는 반드시 망한다는 대표님 말씀을 귀담아듣지 못했다.

미국으로 건너간 나는 실리콘밸리보다 물가가 낮고 인건비 부담이 적은 LA에서 창업했다. IT 기업 근무 경험은 적지 않았지만 스타트업 운영은 처음이었다. 스타트업에서만 겪을 수 있는 경험을 해본 적도 없었다. 내가 가진 것이라고는 실리콘밸리의 유니콘 기업 창업자들처럼 성공하고 싶다는 막연한 꿈과 직장 생활을 하면서 모은 자본금 1억 원뿐이었다.

일단 사무실을 얻고 개발자, 디자이너, 마케터를 고용해 첫 서비스를 준비했다.

첫 서비스는 모바일 연애 상담이었다. 미국에서는 PC나 웹 기반의 연애 상담 커뮤니티는 발달했지만, 앱 기반 커뮤니티는 없었다. 만일 스마트폰으로 연애 고민을 주고받을 수 있는 커뮤니티 앱이 생긴다면 미국의 10~20대 사이에서 유행하지 않을까 하는 막연한 생각에서 서비스 개발을 시작했다.

난생처음 앱을 기획하고, UI^{user interface}(유저 인터페이스) 및 UX^{user experience}(유저 경험) 디자인을 두고 직원들과 수차례 논의한 끝에 반년 만에 앱을 출시했다.

문제는 마케팅이었다. 타깃 유저에게 우리 앱을 알릴 수 있는 마케팅이 절실히 필요했는데, 신규 유저 1명당 마케팅 비용이 5~10달러 정도 들었다. 100명의 유저가 우리 앱을 사용하게 하려면 500~1,000달러가 든다는 얘기였다.

하지만 우리의 마케팅 예산은 한정적이었다. 나는 최소한의 비용으로 앱을 홍보하기 위해 내가 할 수 있는 모든 일을 했다. 미국에 있는 지인들에게 연락해 우리 앱을 추천하고, 회사 주변 학교에 찾아가서 학생들에게 앱을 보여주고, 캠페인을 진행하고, SNS 홍보도 했다. 인플루언서를 섭외해 홍보 영상을 찍기도 했다. 하지만 결과는 너무나 참혹했다.

앱 서비스 사업에 대한 안이한 인식이 낳은 총체적 난국이었다. 앱 자체가 미국의 10~20대에게 그다지 매력적이지 않았고,

그 앱에 특화된 마케팅 전략이 없었을뿐더러 무엇보다도 매출을 올릴 만한 수익 모델이 없었다. 그저 유저를 많이 모으면 저절로 광고 의뢰가 들어와 수익을 낼 것으로 예상했다. 순진한 착각이었다.

매출이 전혀 없는 상태로 서비스를 운영하는 것은 적자를 자처하는 일이었다. 회사 자금이 손에 쥔 모래처럼 술술 빠져나갔다. 사업이 기울면서 직원들도 하나둘 떠나갔다. 결국 출시한 지 약 4개월 만에 서비스를 접을 수밖에 없었다. 카카오 이제범 대표님의 예언처럼 된 것이다. 비참했다. 어둡고 긴 터널 안에 덩그러니 버려진 기분이었다.

혼자 남은 나는 두 번째 서비스를 구상했다. 수중에는 약간의 자금이 남아 있었다. 여기서 포기하는 것은 죽기보다 싫었다. 서비스 하나가 끝난 것이지 세상이 끝난 게 아니었다. 끝날 때까지 끝난 게 아니었다.

지난 1년 동안 미국에서 겪은 실패들은 직장인으로서 오랜 기간 승승장구했던 내게 겸손함을 가르쳐주었다. 나는 첫 '망작'을 통해 얻은 소중한 경험을 활용하여 다음 서비스를 개발해보기로 마음먹었다.

그렇게 시작한 두 번째 서비스는 성형외과 광고 및 중개였다.

성형 시장을 타깃으로 삼은 이유는 당시 미용성형 시장이 전 세계적으로 급속 성장하는 한편 성형 부작용과 의료사고 이슈가 뜨거운 감자로 떠올랐기 때문이다.

감사하게도, 첫 서비스를 만드는 개발자 1명이 이번에도 같이하기로 했다. 그 개발자를 중심으로 신입 개발자들과 함께 성형 정보 앱을 개발하기 시작했다. 미국 성형외과들을 입점시켜 미국 고객들과 일대일로 매칭해주는 앱이었다. 성형 수술을 희망하는 미국인들이 앱에서 성형외과 광고를 보고 비교하여 자신에게 맞는 병원을 선택하는 방식이었다.

개발을 시작한 지 5개월 만에 이 앱은 무사히 출시되었다. 첫 서비스와 달리 이번에는 바로 매출이 발생하는 수익 모델이었다. 매칭이 완료되면 성형외과로부터 중개 수수료를 받았다.

다행히 점점 반응이 오는 게 느껴졌다. 이 서비스를 통해 29달러의 수익이 났던 날을 지금도 잊을 수 없다. 비록 적은 금액이지만, 미국에서 사업을 시작한 지 1년 반 만에 거둔 첫 매출이었다. 1년 반 동안 1억이 넘는 돈을 투자해 겨우 29달러를 거둔 것이지만, 그 순간 감격스러움에 눈물이 터졌다.

한국에 계시는 아버지에게 전화를 걸어 "저 매출이 나기 시작했어요" 하고 소식을 전하면서 울먹였던 기억이 지금도 생생하다. 어두운 미로 속에서 한 줄기 빛이 보이기 시작한 것이다.

첫 매출이 났다고 해서 내가 봉착한 모든 문제가 해결된 것은 아니었다. 그즈음 사업 자금이 거의 바닥 난 상태였다. 서비스를 안정적으로 운영하기 위해서는 직원들 급여도 챙겨야 하고 마케팅도 계속해야 하는데, 당시의 매출을 가지고는 어림도 없었다. 투자자를 알아보았으나 선뜻 우리 회사에 투자하겠다는 사람이 나타나지 않았다.

결국 직원 급여를 지급할 여력이 없어서 직원 모두를 내보내고 말았다. 나는 다시 혼자가 되었다.

'일론 머스크의 욕구 실험'을 들어보았는가? 일론 머스크는 창업을 앞두고 혹시나 실패할 경우 뒤따를 가난을 자신이 어느 정도까지 감당할 수 있을지 예측해보았다.

그는 가장 먼저 1달러로 하루를 버티는 실험을 했다. 대형 마트에서 냉동 핫도그와 오렌지 30달러어치를 사서 한 달 동안 매일 핫도그와 오렌지만 먹고 생활했다. 그렇게 한 달을 지내본 뒤 일론 머스크가 내린 결론은 그런대로 살 만하다는 것이었다.

그의 실험은 흥미롭지만, 현실에서의 사업 실패 결과는 그 정도로 호락호락하지 않다. 사업 실패는 당사자에게 천재지변에 가까운 시련과 고통을 안겨준다. 적어도 내 경우는 그랬다.

나는 돈이 될 만한 것은 모조리 팔아치웠다. 한국에 두고 온 차와 가구도 팔았다. 고등학생 때부터 쳤던 손때 묻은 베이스 기타도 팔았다. 어떻게든 끝까지 버텨서 살아남아야 했기 때문이다

오랫동안 아껴온 물건을 팔아서 만든 현금으로는 생활비를 충당하기도 빠듯했다. 낯언한 이야기지만, 창업 후 1년 반 넘게 나는 단 한 번도 회사에서 월급을 받지 못했다.

미국에 가서 처음으로 산 차가 있는데 그 차는 차마 팔지 못했다. 아니, 팔지 않았다는 게 더 정확한 표현일 것이다. 돈을 벌기 위해 그 차로 우버Uber(개인 소유 자동차로 택시 영업을 하는 서비스)를 시작했기 때문이다. 당장 쓸 돈이 필요했다. 낮에는 회사 대표로 일하고 밤에는 새벽까지 택시 기사로 일했다.

당시 길게는 하루에 8시간까지 운전을 했는데, 장시간 운전이 주는 정신적·육체적 피로감이 극심했다. 생면부지의 누군가를 내 차에 태우고 그 사람의 운전기사가 되어 목적지까지 가는 일이 얼마나 고된 노동인지 그때 처음 알았다.

술 취한 승객이 차 안에서 난동을 부리거나, 구토로 차를 더럽히는 일도 부지기수였다. 늦은 밤, 곯아떨어진 취객을 태우고 미국의 거리를 달릴 때마다 '내가 여기까지 와서 지금 뭘 하고 있는 거지?' 하는 자괴감이 들었다. 지금도 늦게까지 일을 하고 귀갓길에 택시를 타면, 미국에서의 일이 생각나 기사님들의 노고에 더욱더 감사하다.

솔직히 그때만 해도 당장 회사를 폐업시키고 싶었다. 한국으로 돌아가서 다시 회사에 다니거나, 다른 사업을 시작하고도 싶었다. 그런데도 폐업을 하지 않은, 아니 못한 이유가 있다.

미국에서는 폐업 시 회계사를 고용해 법정 폐업 절차를 밟아야만 하는데 회계 수수료가 만만치 않았다. 우버 기사로 간신히 생계를 잇는 내게 그런 큰돈이 있을 리 만무했다.

그렇다고 회사를 유지하자니 매년 발생하는 법인세도 큰 부담이었다. 법인세 때문에 회계사에게 내는 비용이 약 1,000달러였다. 정말 이도 저도 못 하는 난감한 상황이었다.

나로서는 불가피한 선택이었지만, 그때 폐업하지 않고 버틴 것이 결과적으로 '신의 한 수'로 작용했다. 옛 카카오 동료가 나의 딱한 사정을 알고 뜻밖에 2만 달러를 투자한 것이다.

나는 그 돈으로 성형 정보 앱을 운영하여 유의미한 매출을 올렸고, 약 1년 뒤 국내 코스닥 상장사인 케어랩스로부터 적지 않은 금액을 투자받았다. '존버'가 가져온 전화위복이었다.

지금 스타트업을 준비하는 청년들에게 내가 가장 하고 싶은 말은 이것이다.

버텨라. '존버'는 승리한다.

위기는 곧
기회다

————————————————— 벼랑 끝에서 떨어지기 직전 투
자를 받은 다음, 사업은 안정궤도에 진입했다. 그러나 내 앞에는
또 한 차례의 거대한 시련이 기다리고 있었다.

케어랩스 경영진과 논의한 끝에 한국으로 돌아온 나는 약간
의 피보팅pivoting(사업체의 핵심 기술에 변화를 주지 않은 채 사업 방향
만 바꾸는 것)을 거쳐 영어권 성형 정보 앱 '뷰티소셜'을 만들었다.
당시 영어권 외국인들이 한국으로 성형 수술과 해외여행을 겸한
의료관광을 많이 왔기 때문에 그들을 타깃으로 앱을 출시한 것
인데, 반응이 괜찮았다.

한국의 성형 시장의 미래는 장밋빛으로 전망되었다. 전 세계
성형 시장의 성장세가 매우 가팔랐는데, 그중에서도 한국은 세계
최고 수준의 인프라와 기술력, 의료진을 보유하고 있어 해외의
주목을 받았다.

영어 기반 앱이 목표한 대로 운영되자 사업을 더 키우고 싶은

욕심이 생겼다.

당시 한국을 찾는 의료관광객 중에는 중국, 일본, 러시아, 동남 아시아에서 온 사람도 많았다. 나는 영어는 물론 중국어, 일본어, 러시아어, 태국어 등 7개 국어를 추가 지원하고, 병원 및 의사 소개부터 시술 설명까지 전문적인 정보를 제공하는 글로벌 플랫폼을 만들겠다는 야심 찬 계획을 세웠다. 상상만으로도 이미 기업 가치 1조 원이 넘는 '유니콘 기업'이 된 것 같은 기분이 들었다.

나는 '뷰티소셜'을 다국어 성형 정보 플랫폼으로 확장 개편하는 대대적인 작업에 착수했다. 기존 앱을 다국어 호환이 되도록 업그레이드한 것이다. 기본 언어가 중국어로 설정된 스마트폰에서는 중국어로 보이고, 일본어로 설정된 스마트폰에서는 일본어로 보이는, 상당한 난도의 개발력이 필요한 작업이었다.

사업 계획이 확장하면서 직원은 20명까지 늘어났다. 인건비와 운영비가 대폭 늘어나 매월 고정 지출이 7,000~8,000만 원대에 이르렀다. 당시 우리가 쓰던 사무실은 강남역 인근의 월세 800만 원짜리 공유 오피스였다.

매출이 들쭉날쭉한데 고정비가 늘어나니 적자도 늘어났다. 투자사인 케어랩스의 경영진에게 불려가 "이러다 회사 망합니다"라는 말까지 들었지만, 나는 진정한(?) 글로벌 서비스로 도약하기 위한 합리적인(!) 초기 투자라고 생각했다.

성형 시장의 미래에 대한 확신이 있었고, 영어 기반 앱으로 짧게나마 성공을 맛보았기 때문에 자신 있었다. 회사의 전력을 투입한 끝에 드디어 2020년 1월, '뷰티소셜'의 업그레이드 버전이 출시되었다.

그리고 기다렸다는 듯이 코로나19가 터졌다. 예기치 못한 악재였다. 많은 사람이 팬데믹으로 위기를 맞았다고 하지만, 우리 회사만큼 직격탄을 맞은 경우도 드물 것이다. 수십만, 수백만까지 예상했던 유저 수가 전 세계적인 국경 봉쇄로 제로가 돼버렸으니 말이다. 적자까지 끌어안고 공들여 출시한 서비스는 무용지물이 되었다. 회사는 휘청거렸다.

아무리 고민하고 또 고민해도 이 악재를 뚫고 나아갈 전략은 보이지 않았다. 속수무책으로 발만 동동 구르는 사이 직원들은 하나둘 회사를 떠났다. 그들을 붙잡고 싶어도 나에게는 어떤 비전도, 전략도, 자금도 없었다.

코로나19가 터진 지 5개월이 지났을 무렵, 마지막 직원이 퇴사했다. 나는 또다시 혼자 남았다. 이제 내가 쥔 선택지는 폐업뿐인 것처럼 보였다. 나를 믿고 지원해준 투자자, 가족, 그리고 친구들의 모습이 주마등처럼 머릿속을 스치는 때면 홀로 남은 조용한 사무실에서 눈물을 훔쳤다.

하늘이 무너져도 솟아날 구멍이 있다고 했던가. 2020년 5월의 어느 날이었다. 코로나19가 터지기 전, 사업 확장이 한창이던 시절 인턴 면접 자리에서 들은 대학생의 말이 문득 떠올랐다.

"저라면 외국인을 타깃으로 서비스하지 않고, 국내 남성들을 위한 성형 광고 시장을 독점할 것 같아요."

"왜요?"

"제 주변 남자애들, 웬만한 여자보다 미용에 관심이 많아요. 요즘은 시술도 많이 받고, 성형도 많이 해요. 그런데 남성을 위한 성형 커뮤니티나 플랫폼은 없잖아요."

그때는 그 말이 귀에 들어오지 않았다. 그런데 해외 유저를 국내로 끌어올 수 없는 상황에 놓이자 까맣게 잊고 있었던 그 대학생의 말이 뒤늦게 떠올랐다.

나는 무릎을 탁 쳤다. 타깃 유저만 다르고 나머지는 '뷰티소셜'과 똑같으니 앱을 처음부터 새로 개발할 필요도 없고, 기존 앱을 한글화하여 국내 남성을 타깃으로 리브랜딩rebranding하는 것. 이보다 좋은 대안은 찾을 수 없었다.

코로나19가 터진 이후 구상한 아이템들을 잠시 접어두고, 2020년 6월 남성 성형 정보 앱 '그루밍족'을 출시했다.

'그루밍족'의 타깃 유저는 그루밍족이었다. 외모도 경쟁력으로 여기며 패션과 뷰티에 시간과 비용을 아낌없이 투자하는 남성들을 가리키는 신조어 '그루밍족'을 서비스명으로 활용한 것이다.

서비스를 준비하고 운영하며 매일 16시간 가까이 홀로 일했다. 사무실 임대료가 아까워 집에서 일하거나 24시간 운영하는 카페에서 일했다.

'그루밍족'은 빠르게 성장하여 출시 반년 만인 2020년 12월에 국내 성형외과·피부과 100곳을 입점시키고, 월 매출 1억 원을 달성했다. 기적 같은 기사회생이었다. 1인 스타트업으로 이루어냈다고는 믿기지 않는 놀라운 성과였다.

나는 이때 얻은 자신감으로 새로운 법인을 만들어 심부름 대행 앱 '해주세요'를 출시했다. 두 회사의 정직원은 나 하나였고, 외주 개발자 2명과 CS^{customer service}(고객 관리) 아르바이트생 2명이 운영에 참여했다.

흔히 '위기는 곧 기회'라고 하지만 기회는 저절로 오지 않는다. 내가 '뷰티소셜' 다국어 버전의 실패 후 망연자실하여 모든 것을 포기하거나, 코로나19가 끝나기를 기다리면서 외국인 타깃 서비스를 계속 운영했다면 회사는 얼마 안 가 케어랩스 경영진의 말처럼 쫄딱 망했을 것이다.

물에 빠진 사람은 살기 위해 어떻게든 물 밖으로 나오려고 초인적인 힘으로 몸부림을 친다. 나는 산소통 없이 물에 빠진 사람처럼 매일 무언가를 붙잡으려 안간힘을 썼다.

'그루밍족'은 수많은 사업 아이템을 구상하던 와중에 옛 기억에서 낡은 작은 아이디어에서 시작되었다. 번개처럼 떠오른 그 아이디어를 재빨리 붙잡고, 기존 앱에 피보팅과 리브랜딩을 더해 출시함으로써 폐업 직전의 위기를 기회로 만들었다. 그리고 같은 방식으로 '해주세요'를 개발하여 새로운 도전을 이어가고 있다.

모든 스타트업은
실패를 전제한다

─────────────── 과거의 나를 포함해서, 사업을 시작하는 사람들에게는 공통점이 있다. 지나치게 다른 사람의 성공 사례에만 집중한다는 점이다. 쿠팡이나 배달의민족처럼 달콤한 성공을 맛보는 스타트업은 전체의 1퍼센트도 안 된다. 나머지 99퍼센트는 죽음의 계곡에서 낙오되거나, 그저 그런 생계형 스타트업에 머문다.

창업자들은 복권을 사듯이 '나도 저 1퍼센트처럼 될 수 있지 않을까?' 하는 기대를 안고 사업을 시작한다. 1퍼센트의 성공 사례를 수집하고, 그 속에서 희망을 찾는다.

나머지 99퍼센트의 실패 사례는 머리로만 알 뿐, 실패 요인을 치열하게 분석하지도 비상시를 대비한 참고 자료로 삼지도 않는다. 성공한 1퍼센트가 되기까지 창업자들이 겪어야 했던 고난도 자세히 들여다보지 않는다. 1퍼센트의 희망. 그 순수한 희망에서 99퍼센트의 절망이 비롯된다.

성공한 스타트업들 중에는 망할 뻔한 위기를 여러 번 넘기고 사업을 성공시켰거나, 혹은 망했다가 재기해서 성공한 경우가 의외로 많다. 첫 번째 사업으로 성공한 사람은 많지 않다.

스타트업 창업가들에게 반면교사만큼 훌륭한 스승은 없다. 성공한 사람들은 자신과 타인의 잘못에서 교훈을 얻은 사람들이다.

채용을 잘못할 수도 있고, 개발을 잘못할 수도 있고, 기획 단계에서부터 헛발질을 할 수도 있다. 심지어 사기를 당할 수도 있다. 직장에서의 시행착오는 상사에게 질타받고 경위서나 시말서를 쓰는 선에서 끝나지만, 사업에서의 시행착오는 금쪽같은 자금과 시간을 날리는 참혹한 결과를 초래한다.

스타트업은 하루하루를 버티는 것 자체만으로도 자금이 차감되기 때문에 실패 사례를 관찰하고 분석해서 같은 실패를 되풀이하지 않는 것이 중요하다. 내 사업이 망한다면 왜 망할지, 실패 요인을 늘 예상하면서 그것을 예방할 전략을 짜야 한다.

한 대기업
CEO의 조언

———————— 한 직장에서 오래 일한 사람은 한 분야의 스페셜리스트specialist가 될 수 있다. 마케팅, 디자인, 영업 등 직무별로 나뉜 분업 시스템에서 한 가지 일을 오래 갈고 닦은 만큼 자기 분야의 전문가가 되기 유리하기 때문이다.

그러나 한 분야에만 특화된 사람은 자기 사업으로 성공하기 어렵다. 회사 대표는 자사의 모든 직무를 관리하고 때로는 직접 수행해야 하기 때문이다. 사업을 성공시키려면 다재다능하고 박학다식하며 능구렁이처럼 유연한 제너럴리스트generalist 또는 올라운더all-rounder가 되어야 한다.

카카오에서 근무할 당시 한 IT 대기업의 CEO를 만난 적이 있다. 그분이 한국 기업의 현실에 대해 허심탄회하게 하신 말씀이 지금도 머릿속에 박혀 있다.

"한국 기업은 직원을 좀비로 만들어. 물론 그렇지 않은 기업도 있겠지만, 대부분이 그래. 직원의 성장보다는 회사의 성장을 우선하고 효율성을 따지다 보니, 직원들을 인격이 말살된 기계 부품으로 봐. 그리고 각자 맡은 일에만 집중하게 하는 거야.

세상 돌아가는 것도 보고 전체를 읽을 줄 알아야 사고가 유연해지고 생각이 깊어지면서 성장하는 건데, 오로지 하나만 계속하도록 만드니 시야가 좁아지고 외골수가 될 수밖에 없지.

직장을 오래 다니면 다닐수록 경험과 식견이 풍부해져야 정상인데, 한국에서는 직장을 오래 다니면 다닐수록 좀비가 되는 거야. 그나마 직장에 있을 때는 자기 역할이 있지만, 이런 사람들이 퇴사하면 사회에 나와서 뭘 할 수 있겠어?"

직장을 오래 다닌 사람일수록 퇴사 후에 느끼는 상실감이 크다. 특히 사회에서 인정받는 대기업에 다녔던 사람들은 그 기업의 가치와 자신의 가치를 동일시하는 경향이 강하다. 사회에서는 그를 해당 기업의 '일부'로서 존중할 뿐이었는데, 퇴사 후에는 존중과 배려가 지속되지 않으니 극심한 혼란과 상실감에 빠져드는 것이다.

나도 카카오에서 나온 후, 한때 그런 상실감에 빠졌다. 카카오에 있을 때는 높은 보수와 복지제도의 혜택을 당연하게 누리고, 대출도 잘 되고, 주변 사람들도 모두 나를 인정했다. 그런데 알고 보니 그 인정은 나를 향한 것이 아니라 내 뒤에 선 회사를 향한 것이었다.

회사를 나오는 순간 눈에 들어온 나의 실체는 또 하나의 좀비였다. 월급이 안 나오는 것은 물론 대출도 막히고, 나에 대한 사람들의 인정도 연기처럼 사라졌다. 심지어 직장에 다닐 때는 연락만 하면 쉽게 만날 수 있었던 사람들이 내 연락을 확인하고도 답변이 없는 경우가 종종 생겨났다.

그 상실감은 이루 형언할 수 없다. 내가 아무것도 아니었다는 자각과 함께, 무용지물이 된 듯한 열등감과 패배감이 수시로 나를 할퀴었다.

특히 사업에 관한 생각을 깊게 할 기회도, 혼자서 완전히 새로운 것을 만들어본 경험도 없는 사람이 흘러가는 구름을 움켜잡듯이 섣불리 사업에 뛰어들었다가는 쫄딱 망하기 딱 좋다.

그간 모아둔 돈과 퇴직금이 남아 있을 때는 그나마 버틸 만하다. 하지만 사업을 시작한 지 1~2년이 흘러도 성과가 보이지 않으면 무기력감이 머리털 끝까지 물든다.

'아, 뭐 하고 있는 거지? 내가 이 정도밖에 안 되는 사람이었나? 직장 생활도 꽤 오래 했고, 연봉도 많이 받았고, 남들이 부러워하는 회사에서 일했는데, 내가 만든 서비스를 아무도 사용하지

않는다는 게 말이 되나? 심지어 직원들도 나를 인정하지 않는 것 같아. 이게 뭐지?'

그 대기업 CEO가 언급한 '좀비'가 바로 나였단 사실을 창업한 지 얼마 지나지 않아 깨달았다.

좋은 직장 경력이
독이 될 수 있다

―――――――――――― IT 스타트업 창업자 중에는 네이버, 카카오, 삼성처럼 인지도 높은 회사에서 장기 근무한 사람이 많다. 다들 똑똑하고, 좋은 회사에서 좋은 인맥을 쌓고, 많은 것을 경험한 인재들이다. 그러나 대기업 출신 창업자의 성공 확률도 매우 낮다. 이유가 뭘까?

스타트업 운영 과정에서 화려한 스펙이 독이 되는 경우가 많기 때문이다. 사실 스타트업을 창업하고 서비스를 만드는 과정에서 창업자가 가진 인맥이나 경력, 경험이 별로 도움이 되지 않는다(물론 전 직장에서 서비스 기획부터 출시, 운영까지 성공한 경험이 있는 사람은 다르다).

내가 '그루밍족'과 '해주세요'를 만드는 데 과연 이전 직장 근무 경력이나 인맥이 도움이 되었을까? 그렇지 않다. 도움은커녕 직장 생활에서 몸에 밴 특권의식이 오히려 독이 되었다.

대기업이나 인지도 높은 회사에 다니는 사람을 향한 주변 사람들의 시선에는 존중이 담겨 있다. 그들은 누구에게나 인정받고 어디서든 환영받는다.

"야, 너 어떻게 그런 회사에 들어갔어? 대단한데!"

나도 카카오에 있을 때는 카카오의 빠른 성장 덕분에 주변 사람들에게 인정받았고, 여기저기서 나를 만나고 싶어 했다. 특히 나는 김범수 의장 직속 전략지원팀의 일원이라는 후광(?) 때문인지 카카오 직원들도 나를 통해 카카오의 향후 전략 등을 듣고 싶어 했다.

주변의 인정과 환대에 익숙해지면서 나는 조금씩 타성에 젖었다. 일개 직원일 뿐이었지만, 카카오가 내 회사인 것 같고 회사의 성장이 곧 내 성장인 것 같은 허위의식이 내면에 쌓여갔다. 머리로는 내가 이룬 결과가 아니라는 것을 알고 있었지만, 마음속에는 나도 모르게 '내가 잘났다'는 오만과 허영심이 똬리를 튼 것이다.

내가 카카오를 퇴사하고 창업을 추진하게 된 바탕에는 '나는 창업해도 잘되지 않을까'라는 근거 없는 자신감과 오만이 깔려 있었다. 주변 사람들이 '넌 카카오 출신이니까 당연히 잘될 거야' 하며 응원해줄 때는 어깨가 으쓱거렸다.

나는 카카오 출신이니까, 카카오에서 좋은 사례를 많이 보았고, 유능한 사람들과 일했으니까 다 잘될 거라는 느낌이 나를 지배했다. 매너리즘에 빠진 것이다.

다 잘될 거라는 막연한 낙관은 나를 게으르게 만들었다. 하나하나 세심하게 연구하고 서비스를 기획하고 전략을 세우는 일을 소홀히 했던 것이다. 만일 그때 나에게 좋은 직장이라는 배경이 없었다면 더 독하게 마음먹고 실패의 기간을 단축할 수 있었을지도 모른다.

그렇다고 해서 좋은 직장을 다니지 말라는 얘기는 물론 아니다. 그러나 이미 퇴사하고 스타트업을 시작했다면 하루 빨리 매너리즘과 특권의식을 벗어던져야 한다. 아무리 좋은 회사를 다녔어도 퇴사하고 나면 '○○○ 직원'이라는 후광은 사라진다. 누군가를 만나기도 힘들고, 당신을 찾는 사람도 없다. 명함이 떨어졌기 때문이다.

지금도 주변에서 좋은 직장을 다니다 창업한 사람들이 과거의 습관과 사고방식에서 헤어나지 못하는 모습을 종종 본다. 직장에 서 있는 동안 홀로서기를 할 실력을 키우지 못한 채로 남들에게 인정받는 일을 하고 사내 정치, 인맥 쌓기에만 몰두했기 때문이다. 무슨 일만 있으면 자기 편 사람들이 알아서 찾아와주고 도움을 주던 시절의 습관을 버리지 못하는 한, 그들의 고생은 길어질 수밖에 없다.

발가벗긴 채로 아마존 정글에 왔다고 생각하라. 그것이 스타트업이라는 정글에서 살아남을 수 있는 길을 찾는 시작점이다.

학벌은
중요하지 않다

────────────── 혼자 '해주세요' 고객들을 응대
하며 분투할 때였다. 카카오톡 채널로 메시지가 하나 들어왔다.
헬퍼로서 직접 앱을 사용하면서 느낀 불편한 점을 이야기하고
개선안을 제안하는 내용이었다. 굉장히 통찰력 있는 의견이라 감
탄하며 여러 번 읽었다. 그 헬퍼에게 곧바로 미팅을 요청했다.

다음 날 회사를 방문한 그는 30대 초반의 청년이었다. 그에게
어떤 계기로 헬퍼를 하게 되었는지 물었다.

"소방공무원 시험에 합격했는데, 4개월 뒤에 중앙소방학교에
입교하거든요. 그래서 남은 시간 동안 알바를 하려고 여기저기
알아보다가 '해주세요' 헬퍼를 하게 되었습니다."

그는 경력이 뛰어나거나 학벌이 좋은 사람은 아니었다. 그러나
내게 그런 것들은 전혀 문제가 되지 않았다. 그가 카카오톡 채널

로 보낸 개선 방안은 서비스를 운영하는 나도 미처 생각하지 못한 것들이었다. 그에게 남은 4개월 동안 함께 일하지 않겠느냐고 제안했고, 그는 흔쾌히 수락했다.

스타트업을 창업한 후 다양한 분야의 사람들과 일해보았다. 그 중에서도 그 예비 소방공무원은 일을 가장 잘하는 사람이었다.

그에게는 문제를 발견했을 때 문제의 단면너머에 이면을 꿰뚫는 통찰력이 있었다. 짧은 시간에 깊게 고민해서 문제를 제대로 파악해내는 그의 능력은 매일매일 새로운 문제와 부딪히고 솔루션을 도출해야 하는 나에게 큰 도움이 되었다.

지금도 인상 깊은 것은, 소위 '명문대' 출신이 아닌 그가 내가 지금까지 만나본 최고 학벌 최고 경력의 소유자들보다 더 속이 깊고 유능했다는 점이다. 원래도 직원을 뽑을 때 학벌이나 배경을 보지 않는 편이었지만, 그와 일하면서 '학벌은 중요하지 않다'는 사실을 다시금 깨달았다.

물론, 변호사나 의사 등 전문직에 종사하는 사람의 경우에는 학벌이 중요할 수 있다. 실력을 떠나서 단시간에 고객들에게 신뢰감을 줘야 하는 직종에서는 학벌이 중요한 고려 요소가 될 수는 있다. 그러나 스타트업 세계는 학벌로 승부를 보는 곳이 아니다.

어차피 스타트업 대표나 직원들은 면대면으로 고객들을 만날 일이 거의 없다. 고객들은 스타트업이 만든 서비스나 제품의 품질을 보는 것이지 회사 대표나 직원들의 학벌을 보지 않는다.

카카오톡이나 쿠팡, 배달의민족 같은 앱을 사용할 때, 그 창업자의 학벌을 보는 사람이 과연 몇 명이나 될까? 사람들은 그저 그 앱이 편리해서 사용할 뿐이다. 창업자가 MBA를 나왔다 한들, 서비스의 품질이 좋지 않다면 누가 그 앱을 거들떠나 보겠는가?

총도 쏘고, 대포도 쏘고, 미사일도 날리는 전쟁터에서 과연 학벌이 중요하겠는가? 먼저 팔을 걷어붙이고 솔선수범하고 헌신하는 사람이 최고다. 자기 손에 흙을 묻혀가면서 험한 일을 마다하지 않고 희생하는 사람이 인정받지, 학벌이나 경력, 집안 따위는 액세서리에 불과하다.

학벌이 중요하지 않다고 해서 명석한 두뇌가 필요 없다는 이야기는 결코 아니다. 일머리와 선견지명은 선택이 아닌 필수다. 고객들을 상대하는 건 우리가 아니라, 우리가 개발한 서비스다. 고객들이 사용할 서비스의 품질을 높이기 위해서는 명석한 두뇌와 뛰어난 안목이 필요하며, 이 서비스와 관련한 전략과 실행 방안을 올바로 수립하기 위해서도 일머리와 선견지명은 꼭 필요하다.

스타트업을 운영하다 보면 폭우 속에서 몇 시간씩 행군해야 할 때도 있고, 야간에 정숙 보행으로 은밀하게 적진에 침투해야 할 때도 있다. 얼굴을 검은색 칠로 위장하고 한밤중에 게릴라전을 벌여야 할 때도 있다. 멋있게 양복을 빼입고 화려한 명함을 돌리며, 고상한 일만 하고 싶다면 일찌감치 이 세계를 떠나는 것이 현명할 것이다.

공동 창업에 대한
생각

──────────────── 내가 2015년도에 첫 회사의 소
재지로 미국을 택한 이유 중의 하나는 후배들과의 공동 창업을
위해서였다. 미국에는 나보다 한 살 아래인 후배가 둘 있었는데,
한 명은 변호사이고 다른 한 명은 금융가였다.

재미 교포인 두 사람은 누가 봐도 똑똑하고 사회적으로도 많
은 것을 성취한 사람들이었다. 그런데 각각 변호사와 금융가라
는 전문직에 오랫동안 종사하다 보니 뭔가 새롭고 독립적인 일
을 해보고 싶은 갈증이 생겼다. 그것은 스타트업에 대한 열망으
로 이어졌다.

내가 카카오에 다닐 때 그 친구들이 한국에 놀러 온 적이 있다.
셋이 카페에서 이야기를 나누다가 우연히 연애 상담 앱을 만들
어보자는 아이디어가 나왔다.

"이거 괜찮은데?"

"우리 미국에서 한번 해볼까?"

"그럼 나도 참여할게."

마침 나는 카카오에 다니면서 그런 앱을 개발하는 현장을 많이 접해본 상황이었다. 우리 셋은 의기투합하여 창업을 도모했다. 미국으로 떠날 때의 내 마음은, 직장은 물론 내가 가진 모든 걸 내려놓고 이 사업에만 올인하겠다는 것이었다.

그런데 막상 미국에서 만난 이 친구들의 마음은 나와 같지 않았다. 자기 일을 계속하면서 스타트업을 부업으로 삼을 생각을 하고 있었다. '사업이 잘되면 풀타임으로 들어갈게' '투자받으면 전력을 다할게' 정도의 마음이었다고나 할까.

창업에 임하는 태도의 온도가 서로 다르다는 사실을 확인하고서 무척 당혹스러웠다. 나는 풀타임으로, 친구들은 퇴근 후 파트타임으로 하려고 하니 일이 제대로 돌아가지 않았다. 또, 업무 면에서 그 친구들은 자기 분야에서는 전문가이지만, 스타트업은 처음이었다. 그들의 법률과 금융 지식은 회사에 별로 도움이 되지 않았다. 결국 둘 다 회사를 나가고 나 혼자 회사를 꾸려나갔다.

원칙적으로 나는 공동 창업에 반대하지도 찬성하지도 않는다. 공동 창업자들이 나와 어떤 관계인지, 내가 그들을 얼마나 아는

지, 또 그들의 전문 분야가 무엇인지에 따라서 결과가 다르기 때문이다.

그러나 내 경우는 분명 공동 창업의 '나쁜 예'에 해당한다. 만일 나와 비슷한 이유와 방식으로 공동 창업을 하려는 사람이 있다면 단연코 말리고 싶다. 파트타임으로 사업을 하겠다는 사람과 같이할 바에는 차라리 혼자 하는 게 낫다. 창업은 절대 파트타임으로 할 수 없다.

공동 창업의 '좋은 예'도 있다. 내 주변에서 실제로 있었던 일이다. 기획자이자 개발자인 두 사람은 같은 회사에서 함께 서비스를 운영했다. 전문 분야가 다른 둘이서 일해보니 시너지 효과가 있었다. 둘은 회사를 나와 창업을 했다. 그들이 운영하는 회사는 최근 큰 투자를 받고 나름대로 성공적으로 서비스를 운영하고 있다.

우리 주변에는 친한 친구끼리 공동 창업을 했다가 실패하는 경우가 비일비재하다. 멋모르고 친구와 사업에 뛰어들었다가 의가 상해 원수가 되기도 한다. 공동 창업을 생각한다면 여러모로 신중해야 한다. 친구로서 어울려 노는 것과 동업자로서 함께 회사를 운영하는 것은 차원이 다르다.

위에서 이야기한 두 사람은 한 직장에서 손발을 맞춰가며 함께 서비스를 만들어봤기 때문에 잘될 확률이 높다. 게다가 둘의 전문 분야가 달랐기에 상호보완 관계를 이룰 수 있었다.

나는 이 사업에 1억 원을 투자할 계획인데, 친구가 1,000만 원만 투자하려 한다면 역시 다시 생각해보는 것이 좋다. 물론 투자액에 따라 내가 90퍼센트의 지분을 가져가고 친구가 10퍼센트를 가져가기로 했다면 괜찮다. 애매한 상태에서 공동 창업을 했다가는 십중팔구 쉬이 풀리지 않는 갈등에 휘말린다.

공동 창업을 둘러싼 분쟁은 수없이 많다. 마크 저커버그도 페이스북의 공동 창업자와의 법정 분쟁을 겪었고, 스냅챗의 공동 창업자들도 거액의 소송전을 벌였다.

따라서 공동 창업을 할 때는 각자의 역할과 지분, 근무 형태와 기간, 회사의 최종 의사결정 방법 등을 합의해서 계약서를 작성해두어야 한다. 아무리 친한 친구라도 계약서는 반드시 작성하라. 그것이 공동 창업자와의 우정을 지켜줄 수 있다.

회사 지분
함부로 주지 마라

—————————— 사람들이 대기업을 박차고 나와
서 스타트업에 가는 이유는 다양하다. 매너리즘에서 벗어나 새
로운 도전을 하고 싶어서일 수도, 내가 가지지 못한 조건과 능력
을 갖춘 스타트업 대표와 운영진을 신뢰해서일 수도 있다. 그 스
타트업에 든든한 투자자가 있어서 높은 연봉을 기대하는 사람도
있고, 어쩌면 스타트업의 성장 가능성만 보고 이직하는 사람도
있을 것이다.

어떤 이유로든 스타트업 입사는 모험일 수밖에 없다. 특별한
경우를 제외하고는, 대부분 이전 직장보다 연봉을 줄여서 스타트
업으로 옮긴다. 어찌어찌 연봉은 맞춰준다고 해도 복지 혜택이나
업무 환경이 대기업에 비해 열악한 경우가 많다.

그뿐인가? 앞날도 불투명하다. 대기업은 망할 가능성이 거의
없지만, 스타트업은 안 망할 가능성이 거의 없다. 당장 내일이 어
떻게 될지 알 수 없는 회사도 많다.

그런 리스크를 안고 있다 보니 일부 스타트업에서는 인재를 끌어들이기 위해 회사 주식을 나눠주기도 한다. '스톡옵션stock option'과 함께 전송되는 대표의 메시지는 '같이 고생하자'다.

그러나 나는 스타트업 대표가 함부로 직원에게 지분을 나눠주면 안 된다고 생각한다. 물론 이렇게 반문하는 사람도 있을 것이다.

"스타트업 근무 환경이 열악한 건 맞잖아요? 좋은 인력을 채용하려면 당연히 지분율 정도는 포기해야 하는 거 아닌가요?"

그렇지 않다. 스톡옵션 때문에 직원과의 관계가 어색해지거나, 직원이 불만을 품을 가능성이 있기 때문이다. 왜 그럴까?

대표가 자기 회사에 온 직원에게 성의를 보이기 위해 열심히 하자는 의미로 '영 점 몇 퍼센트'의 지분을 줬다고 가정해보자. 대표는 월급에 지분까지 얹어 주었으니 그 직원이 굉장히 고마워하리라 생각할 것이다. 그런데 그걸 받는 직원은 자신의 가치가 '영 점 몇 퍼센트'로 떨어진 것 같은 기분이 든다.

'에게, 나같이 유능한 인재가 좋은 회사 박차고 여기 들어왔는데 영 점 몇 퍼센트밖에 안 줘? 사람을 우습게 보는 거야 뭐야?'

생각해보라. 삼성이나 LG에 다닌다면 명함만으로도 가족이나 친척, 동창들에게 인정받을 수 있다. 어딜 가든 "야, 너 삼성 다니는구나?" 이 한마디로 당신의 인생에 대한 검증이 끝난다. 얼마나 간편한가? 그런데 스타트업은 그런 것이 없다.

직원에게 지분을 줬다가 역효과가 난 경우를 주변에서 정말 많이 봐왔다. 이런 경우도 있었다. 지분 계약서상에는 여러 제약 조건이 명기되어 있기 마련이다. '최소 4년 이상 일해야 약속된 모든 지분을 받을 수 있다'나 '겸업을 하면 감봉 등의 징계를 준다' 등의 조항들을 확인한 직원은 또 한 번 대표에게 실망하게 된다.

'조그만 종이 쪼가리 하나에 뭐 이렇게 제약 조건이 많이 딸렸어? 앓느니 죽겠다.'

사실 그 말이 맞다. 지분이라는 건 결국 종이 쪼가리다. 회사가 투자받지 못하거나 상장하지 못하면 그 지분은 종이 쪼가리에 지나지 않는 것이다. 이 종이 쪼가리 하나 때문에 대표와 직원들 사이에 불신이 생겨날 수도 있다. 그러므로 조심해야 한다.

특히 입사 초기에 지분을 주는 것은 정말 도움이 되지 않는다. 지분을 주더라도 해당 직원이 그 회사에서 뛰어난 능력을 보였을 때, 그 유능한 직원을 오래 붙잡아두기 위해서 주는 것이 좋다. 그리고 지분을 줄 때는 반드시 해당 식원을 불러서 괜한 오해를 하지 않도록 설명해야 한다.

"계약서엔 없는 내용이지만 ○○○ 님이 우리 회사에서 열심히 일하는 게 고마워서 약간의 지분을 드리려고 해요. 지금은 액수가 작아 보이겠지만, 우리 회사가 지금 추세로 성장해간다면 몇 년 후엔 몇억 원은 될 거예요…'

이런 식으로 그 지분이 특별한 혜택임을 확실하게 주지시켜야 한다.

스타트업에서 지분은 자주 회자되는 이슈 중의 하나다. 앞에서도 이야기했지만, 특히 공동 창업자들 간에 지분을 두고 싸우는 경우가 정말 많다. 법률 대리인을 내세우기 때문에 그들의 속내가 투명하게 공개되지는 않지만, 분쟁의 본질은 결국 '나는 이만큼 열정을 바쳐서 일을 했는데 너는 회사에 기여한 게 뭐가 있냐'는 것이다.

공동 창업자들이 가진 지분의 양은 거의 비슷하다. 그런데 투자를 조금이라도 더 했거나 일을 조금이라도 더 많이 한 사람은 그 지분율이 불만스럽고 이해가 되지 않는다. 사업이 잘되면 잘

될수록 자기와 똑같은 지분을 가진 공동 창업자가 점점 미워진다. 자기는 온종일 개미처럼 일하는데, 공동 창업자는 일도 별로 안 하면서 공짜 점심을 먹는 것 같고 달리는 기차에 올라탄 것 같다. 그러니 싸우는 것이다.

이런 싸움이 특별하다고 생각지 않는다. 생각해보라. 피를 나눈 가족도 싸우는데, 하루에 가족보다 훨씬 많은 시간을 보내면서 몇 년씩 같이 일해보라. 싸움이 나는 것이 당연한 일이다.

재미있게도, 매출도 월급도 없이 힘들게 일하는 창업 초반에는 공동 창업자들의 사이가 오히려 좋다. 그런데 조금씩 사업이 잘되기 시작하면 그때부터 분위기가 돌변한다. 작은 일도 섭섭하게 느껴지고, 상대를 불신하게 된다. 이 모든 갈등의 저변에 지분 문제가 있다.

스타트업을 하는 사람들에게 지분은 피와 살 같은 것이다. 물론 필요에 따라 공동 창업자와 지분을 나누기도 하고, 인재 발탁을 위해 직원에게 약간의 지분을 줄 수도 있겠지만, 아무쪼록 원칙을 세우고 신중히 접근하기를 바란다.

불가능은
없다

──────────── 스타트업으로 성공하는 사람이
희귀한 이유가 무엇일까? 바로 무에서 유를 창조하는 사업이기
때문이다. 스타트업 운영은 아무것도 없는 황무지에 씨를 뿌리고
결실을 수확하는 일이다.

우리는 쉽게 '무에서 유를 창조한다'고 말하지만, 그건 결국
'불가능'을 뜻한다. 불가능을 가능하게 만드는 것, 그것이 스타트
업의 성공 원리다.

세상에 존재하지 않는 제품이나 서비스를 만들어서 사람들의
이목을 집중시키고 그들의 생활을 더 편하고 더 빠르게 변화시
키는 일을 시작하면 매 순간이 도전이며, 허들이고, 시련이다.

스타트업을 운영하며 봉착하는 문제들은 우리 인생에서 처음
경험해보는 것이다. 학창 시절이나 직장에 다닐 때는 상상도 할
수 없는 난관이 펼쳐진다. 학교나 회사에서는 이미 만들어진 틀
과 시스템 안에서 자신의 임무를 다하면 된다. 그러나 스타트업

을 하면 매일매일 새로운 틀과 시스템을 만들었다 부숴야 한다.

그러다 보면 어느 순간 지치게 된다. 아무리 해도 안 되는 것 같고, 낙심과 낙담이 사람을 무너뜨린다. 결국 스타트업은 '불가능은 없다'는 확고한 신념을 오래 유지하는 창업자끼리 겨루는 지구력 싸움이다.

"불가능은 없다."

스타트업 창업을 준비하고 있다면 이 문장을 먼저 마음속 깊이 새기고 시작하라. 아무리 어려운 문제가 닥쳐도 '불가능은 없다. 한번 끝까지 부딪혀보자'라고 수시로 마음속으로 되새기고 크게 심호흡을 하라.

사업을 하다 보면 수많은 거절을 당하게 되고, 가까운 이들에게 배신감을 느낄 때도 있고, 이상한 소문에 휘말릴 때도 있다. 온갖 것들이 신경을 긁어댄다. 그런 일이 하나씩 차례차례 일어날 때도 있지만 한꺼번에 파도처럼 몰려올 때도 있다. 그때 순식간에 무너질 수도 있다.

매사에 지나칠 정도로 예민하게 반응하고 고민하지 마라. 주변에서 '야, 너 그거 백날 해봐라, 되나!' '너는 멀쩡한 애가 왜 맨날 안 되는 일에만 매달리니?'라는 말을 들으면 마음이 흔들릴 수 있다. 그럴 때는 '개는 짖어도 기차는 간다'는 독한 마음으로 무장할 필요가 있다.

예비 창업자들에게는 지금 내가 하는 이야기가 추상적으로 들릴지도 모른다. 상관없다. 괜찮다. 일단 신념대로 가라. 하루하루 불가능이라는 허들을 넘으려면 끈기와 고집, 집념과 노력을 챙겨야 한다. 어제의 실패를 반면교사로 삼고, 앞만 보고 달려가라. 결국 자신이 옳았음을 깨달을 날이 올 것이다.

경영
조언,
해주세요

2

직원이
왜 필요한가?

———————————— 얼마 전 한 지인이 밤중에 찾아
왔다. 꽤 유명한 서비스를 운영하는 90명 규모 회사의 대표였다.
잠깐 이야기나 하자며 소파에 앉는 그의 얼굴에 지친 기색이 완
연했다.

나는 작성 중이던 메일을 부랴부랴 마무리하고 커피를 내왔다.
그는 맞은편에 앉아 있는 나를 빤히 바라보더니 물었다.

"조 대표는 어떻게 혼자서 회사를 2개나 운영해요? 정직원도
없이, 안 힘들어요?"

"힘들지만 할 만합니다."

내가 웃으며 답하자 그가 말을 이어나갔다.

"하긴 뭐, 직원이 많다고 해서 안 힘든 건 아니더라고요. 가지 많은 나무에 바람 잘 날 없다고, 자기들끼리 헐뜯고 싸우고, 그것도 안 되면 대표한테 면담 요청하고, 그러다 그만두면 또다시 사람을 새로 뽑아야 하고….

직원들 위로하고 달래주면서 또다시 채용 면접을 보다 보면 시간이 훌쩍 지나가요. 심적으로나 법적으로나 해결해야 할 이슈도 많다 보니 정작 대표로서 해야 할 중요한 업무는 손도 못 대고 하루가 훅 가요."

외부인의 눈에는 직원이 많으면 잘나가는 회사처럼 보이지만, 실상은 조직 내에서 반복되는 문제들로 곪아가는 회사들이 너무나도 많다.

가장 흔한 원인은 인사관리 문제다. 직원들 사이의 대립과 갈등을 슬기롭게 풀어내지 않으면 회사 분위기는 엉망이 되고, 업무에도 좋지 않은 영향을 미친다.

나 역시 직원이 20명일 때는 매일같이 발생하는 직원들의 사소한 갈등을 해결하느라 정작 본업인 서비스 기획과 운영은 뒷전으로 밀리게 되는 날이 많았다.

초기에 '뷰티소셜'을 운영할 무렵 우리 회사에는 마케팅, 개발자, 디자이너, CS 담당자 등 약 10명의 직원이 있었다. 영어 기반 앱 '뷰티소셜'이 어느 정도 성과를 보이자 중국어, 일본어 등 다른 언어까지 확장하기 위한 인력 확충에 나섰다.

다양한 언어를 구사하는 서비스를 운영하기 위해서는 번역 담당 직원은 물론 각국의 상황에 맞는 마케팅 인력이 필요하고, 개발자와 CS 직원도 늘려야 한다고 생각해서 무리하게 사세를 확장했다. 그 결과, 10명이던 직원 수가 20명으로 불어났다.

그런데 예상만큼 서비스가 빨리 완성되지 않았다. 개발부터 출시까지 모든 단계에서 작업 시간이 예상치의 2배가 걸렸다. 개발 과정에서 기획의 문제점을 발견해 원점으로 회귀하거나, 번역 작업의 진행이 더뎌서 예기치 못한 일정 지연이 이어졌다. 애초의 계획대로 출시되는 서비스가 거의 없다는 선배들의 말이 피부에 와닿았다.

그 상태로 6개월 이상 지나다 보니 직원들 분위기가 안 좋아졌다. 처음에 입사할 때는 우리 서비스가 '글로벌 성형 정보 플랫폼'이 될 것이라는 기대를 품었던 20명의 직원이 서비스 출시가 지연되자 점점 맥이 빠지고 지쳐갔다. '이거 잘되고 있는 거 맞아?' 하는 의구심도 함께 고개를 들었다.

직원 중에는 연차가 높은 경력자도 많았는데, 워낙 개성들이 강해서 협업할 때는 싸움이 벌어지기도 했다. 그러면 나머지 직원들은 냉전 시대마냥 양 진영으로 나뉘어 보이지 않는 곳에서 서로를 헐뜯었다.

가장 큰 원인은 나에게 있었다. 모든 직원이 한 방향으로 달려 갈 수 있도록 명확한 비전을 제시하지 못한 것이다.

사랑하는 가족이나 연인끼리도 싸우는데, 생면부지의 20명이 한 직장에 모였으니 분란이 일어날 수밖에 없었다. 그때 직원이 많다고 능사는 아니라는 것을 뼈저리게 느꼈다.

물론 직장 내 인간관계 리스크를 상쇄시킬 만큼 사업이 잘되면 문제 될 것이 없다. 자금에 여유만 있다면 직원들에게 높은 연봉과 파격적인 복지 혜택을 제공해도 얼마든지 건강한 조직을 운영할 수 있다.

그런데 사업이라는 것은 영원히 잘나갈 것 같다가도 뭘 해도 안 풀릴 때가 있기 마련이다. 강력한 경쟁사가 등장하면서 시장의 판도가 바뀔 수도 있고, 코로나19 같은 악재를 만날 수도 있다. 코로나19가 터진 후 인력 감축을 하거나 심한 경우 폐업하는 회사가 주변에 수두룩하다.

나를 찾아온 대표도 사업이 잘되던 시절에는 직원도 많이 채용하고 매출 규모를 키웠는데, 최근 사업이 침체되고 영업 적자가 누적되면서 수심이 깊은 모양이었다.

나는 인력 채용은 최대한 보수적으로 해야 한다고 믿는 사람이다. 회사의 운영에서 가장 많은 지출을 차지하는 비용이 인건비이고, 회사가 폐업하는 가장 첫 번째 이유가 인건비의 과다 지출이기 때문이다.

행여 사업이 잘되기 시작했거나 투자를 받았다고 직원을 섣불리 더 뽑아선 안 된다. 사업이 잘 안 될 때 그것은 감당하기 힘든 리스크가 될 수 있기 때문이다.

실제로 그렇게 공격적으로 인력을 채용했다가 얼마 못 가 인원의 20~30퍼센트를 감축하는 스타트업을 주변에서 많이 보아왔다. 경영이 힘들다고 가족같이 지내던 직원들에게 퇴사를 요구하는 것은 정말 못 할 짓이다.

예전에는 나도 직원 없이 사업을 한다는 것은 상상도 하지 못했다. 그러나 7년 동안 스타트업을 운영하며 생존을 위해 몸부림치다 보니 생각이 많이 바뀌었다. 큰 위기를 세 번이나 겪고 다시 일어서는 과정에서 내 머릿속에 묵은 때처럼 남아 있던 고정관념이 많이 깨져나갔다.

나만의 회사 운영 방식을 재정립하는 과정에서 나에게 큰 영감을 준 사람은 일론 머스크다. 일론 머스크는 테슬라와 스페이스X의 CEO를 동시에 맡고 있을 뿐 아니라 거물급 투자자로서 뉴로링크, 보링컴퍼니 등 여러 기업의 운영에도 깊이 관여하고 있다. 한 개인이 하나의 기업을 대기업으로 일구는 것도 힘든데, 여러 대기업을 동시에 운영할 수 있다니! 망치로 머리를 얻어맞은 것만 같았다.

그 때문인지는 모르겠지만, 지금도 나는 정직원 없이 혼자 회사 2개와 앱 서비스 2개를 운영하고 있다. 물론 외주 개발자와 전문 프리랜서 몇 명에게 수시로 도움을 받는다.

코로나19로 바닥까지 굴러떨어졌다가 재기하면서 깨달은 사실은 '하면 된다'는 것이다. 여기서 '하면 된다'는 '혼자 해도 충분히 된다'는 뜻이다. 혼자 해도 얼마든지 살아남을 수 있고, 회사를 충분히 잘 이끌 수 있다. 이것은 경험에서 얻은 확신이다.

앞에서 말했듯이, 남성 성형 정보 앱 '그루밍족'은 출시 6개월 만에 월 매출 1억 원을 달성했다. 1인 스타트업으로서는 놀라운 성과였다. 사실 나 혼자 하려고 해서 한 게 아니었다. 그때 나에겐 선택의 여지가 없었다. 망하지 않으려면 무엇이든지 혼자 힘으로 해내야 했다.

나는 기존 직원들이 분담했던 기획, 개발, 마케팅, CS 등의 직무를 하나씩 세밀히 연구하고 스스로 요령을 터득했다. 퇴사한 개발자 1명이 야간에 1~2시간씩 도와준 것을 제외하면 오로지 혼자 힘으로 서비스 운영에 몰두했다.

다행히 기존의 영어 버전 서비스가 잘 구축돼 있었고, 거기에 '남자들을 위한 성형 플랫폼'이라는 업계 유일의 콘셉트가 시류와 절묘하게 맞아떨어진 덕분에 '그루밍족'은 빠르게 성장해나 갔다.

흑자로 전환하고 자금이 여유로워진 후에도 추가로 직원을 뽑지 않았다. 어려운 시기를 혼자 버티며 기획부터 CS까지 모든 일을 마스터한 덕분에 필요할 때마다 임시로 아르바이트생이나 프리랜서를 고용해도 얼마든지 회사를 운영할 수 있었기 때문이다.

하루를 분 단위로 쪼개 쓰며 동분서주하는 내게 정직원을 채용하라고 타박하는 지인들도 있다. 그때마다 나는 반문한다.

"직원이 왜 필요해요?"

만용이 아니다. 대표에게 업무 전반을 직접 운영할 수 있는 능력이 있다면 사업 초기에는 얼마든지 혼자 회사를 운영할 수 있다. 하루 16시간씩, 주 7일 일하면 된다. 어차피 스타트업 세계는 온몸을 불살라 초인적인 힘을 발휘해야 하는 치열한 전쟁터가 아니었던가.

프리랜서를
최대한 활용하라

──────────── 회사의 수익 모델이 정착되지
않고 모든 여건이 불안정한 초기 스타트업의 경우, 처음부터 직
원을 뽑아서 함께 가는 게 맞을까, 프로젝트 단위로 프리랜서를
고용해서 외주를 맡기는 게 좋을까?

자금이 충분하지 않다면 프로젝트 단위로 프리랜서를 고용
하는 것이 훨씬 효율이 높다. 프리랜서에게는 약정한 금액 외에
4대 보험이나 직원 복지 등에 추가로 돈을 쓰지 않아도 되기 때
문이다.

전제 조건을 하나 달자면, 서비스 기획에 대한 대표의 깊은 이
해도가 필수다. 그렇지 않다면 차라리 여러 명의 창업 멤버와 밤
새 논의하며 서비스 기획을 하는 편이 낫다.

매일 같은 공간에서 지내는 정직원들 사이에서는 회사에 대한
불만과 불필요한 갈등이 생길 확률이 높지만, 독립적으로 일하고
서로 만날 일 자체가 많지 않은 프리랜서끼리는 대금만 잘 결제

되면 감정을 소모할 일이 많지 않다.

프리랜서는 정직원과 달리 회사에 소속감이 없기 때문에 딱 자신에게 주어진 일만 한다는 것을 단점으로 꼽는 이들도 있다. 일견 맞는 말이다. 하지만, 정직원들이 출근해서 오랜 시간 자리를 덥힌다고 좋은 결과물이 나오는 것도 아니다.

가장 중요한 것은 결과물이다. 결과물이 좋으면 상호 재계약을 원할 것이고, 결과물이 좋지 않으면 일회성 작업에 그칠 것이다.

물론 프리랜서의 역량도 복불복이다. 실력이 기대에 못 미치는 프리랜서를 고용하면 일은 일대로 안 되고 돈만 날리는 결과를 초래하기도 한다.

그러나 정직원이든 프리랜서든 인력 채용에는 언제나 리스크가 따르기 마련이다. 프리랜서의 옥석을 가리는 안목도, 좋은 결과물이 나오도록 견인하는 리더십도 결국 대표의 몫이다. 대표가 자기 분야에 대한 이해도가 깊고 하고자 하는 일이 명확하면 프리랜서는 일을 게을리할 수 없다. 오히려 정직원보다 더 높은 품질의 결과물을 내기도 한다.

웬만한 프리랜서는 웬만한 정직원보다 일 처리도 빠른 편이다. 프로젝트 단위로 계약하는 프리랜서들은 일을 빨리 끝내야 잔금을 받을 수 있기 때문에 열심히 일할 수밖에 없다.

그러나 정직원은 다르다. 그들에게 직장은 일터이기도 하지만 하루 8시간 이상을 보내는 삶의 공간이기도 하다. 그들에게는 휴식 시간도 필요하고, 식사 시간도 필요하고, 동료나 상사들과의 유대감도 필요하다. 알아서 열심히 일하는 사람도 있지만, 대표의 눈 밖에 나지 않을 정도로 시간만 채우고 가는 사람도 있다. 회사가 망하면 직원들은 다른 회사로 이직하면 그뿐이지만, 스타트업 대표는 많은 경우 빚더미에 앉는다.

죽음의 계곡을 넘어 장수하는 스타트업이 되기 위해서는 프리랜서를 최대한 잘 활용해야 한다. 회사가 폐업하는 이유는 결국 돈 때문이다. 자금이 떨어지니까 회사 문을 닫을 수밖에 없는 것이다. 회사 자금 중에서 가장 큰 비중을 차지하는 직원들의 인건비가 생각보다 자금을 빨리 고갈시킨다.

창업 초기 종잣돈이 두둑할 때는 대표들이 위기의식을 느끼지 못한다. 돈은 앞자리부터 뭉텅뭉텅 사라지지 않고 뒷자리부터 야금야금 먹히기 때문이다. '아직 1억이나 남았는데 뭐' 하고 안일하게 생각하고 과감하게 인력을 채용하고 사무실을 확장한다. 그러다가 앞자리가 무너지고 사업이 계획대로 안 되면 한순간에 폐업의 문 앞에 다다른다. 제 몸이 몽땅 익을 지경이 돼서야 위기를 감지하고 후회하는 냄비 속의 개구리 이야기가 더는 남 일처럼 들리지 않는다.

물론 프리랜서를 최대한 활용하라는 조언은 모든 스타트업에

통하는 만병통치약은 아니다. 예컨대, 레스토랑을 창업했다거나 기계 부품을 만드는 회사를 열었다면 당연히 정규 인력이 필요하다. 고객이 그 제품과 서비스를 찾는 만큼 직원 수도 늘려야 할 것이다. 그러나 나처럼 앱을 만들고 온라인 서비스를 제공하는 회사는 사업의 원리 자체가 다르다. 고객이 1명이 오건 1만 명이 오건 어차피 서버가 다 처리하므로 서버 용량만 늘리면 되기 때문이다.

시대가 빠르게 변화하고 있다. 몇 년 전부터 재능 공유 플랫폼이 급성장 중이고, 전문가들도 직장을 나와서 투잡, 쓰리잡으로 프리랜서 일을 한다. 바야흐로 긱이코노미gig economy(계약직이나 임시직을 정규직보다 선호하는 경제 현상) 시대다. 특히 사회적 거리두기와 원격·재택 근무가 일상이 되면서 정직원과 프리랜서의 경계가 더욱 모호해졌다.

스타트업 대표들은 이처럼 변화하는 고용시장 판도를 눈여겨보고 이를 적절히 활용해야 한다. 프리랜서와 프로젝트 단위로 일을 하다가 매출이 늘고 회사가 성장하면 그때 상근직으로 일할 지원을 재용하는 것도 묘수가 아니겠는가.

모든 것을
시스템화하라

요즘 동네마다 무인 점포가 많
아졌다. 아이스크림 할인점, 밀키트 전문점, 문방구까지 업종도
각양각색이다. 문을 열고 들어가면 맞아주는 것은 이곳저곳에 설
치되어 있는 CCTV뿐, 매장 어디에도 주인이나 직원의 모습은
보이지 않는다.

무인이어도 불편한 건 하나도 없다. 최신 IT 기술을 접목한 키
오스크 등 모든 기기가 알아서 제 역할을 다하기 때문이다. 자유
롭게 물건을 고른 고객들은 자동화 시스템을 이용하여 스스로
계산하고 가면 된다.

평소 내가 주변 회사 대표들에게 제일 많이 듣는 질문은 '어떻
게 1인 스타트업으로 고속 성장을 할 수 있었느냐'는 것이다. 나
혼자서 이 많은 일을 할 수 있었던 비결은 모든 것을 시스템화한
덕분이다.

주인이 매일같이 관리하고 운영해야 하는 부분들을 자동화 시

스템이 대신하는 무인 점포가 가능한 것처럼, 회사 업무 전체를 시스템화하는 무인 회사도 기술적으로 불가능하지 않다.

회사 업무 시간에서 가장 많은 비중을 차지하는 CS를 예로 들어보자. 2021년 여름에 있었던 일이다. CS 문의가 워낙 많아서 구인 광고 사이트에 아르바이트생 모집 공고를 올렸다.

여러 명이 지원했는데, 그중에서 우리 회사와 가장 잘 맞을 것 같은 지원자가 눈에 띄었다. 이력서를 보니 다양한 스타트업에서 CS 업무를 경험한 사람이었다. 면접 날, 그에게 마지막으로 일했던 회사에서는 고객 문의가 얼마나 자주 들어왔는지 질문했다.

"1~2분에 1건씩 들어왔습니다."

우리보다 조금 더 잦거나 비슷한 수준이었다.

"거기는 CS 직원이 몇 명이에요?"
"정직원이 10명입니다."

나는 솔직하게 말했다.

"우리는 평균 2~3분에 1건씩 들어옵니다. 우리 회사에 입사하시면 저하고 둘이서 CS 업무를 맡으셔야 합니다. 괜찮으시겠어요?"

"대표님하고 둘이서 CS가 가능하다고요?"

"네, 가능합니다."

그는 적잖이 놀랐는지 입을 다물지 못했다.

실제로 나는 정직원 없이 아르바이트생 1명과 함께 CS를 해결해왔다. 모르는 사람은 이 글을 보고 '아니, 이 회사는 인건비 아끼려고 직원 10명이 할 일을 대표랑 아르바이트생 1명이 하는 거야?' 하고 비난할지도 모르겠다.

현실은 정반대다. 우리 회사는 10명이 할 일을 아르바이트생 1명에게 몰아주는 게 아니라, 아르바이트생 1명이 충분히 모든 고객을 응대할 수 있도록 효율적인 CS 시스템을 갖추고 있다.

어떻게 이런 일이 가능한 것일까? 바로 사전에 카카오톡 채널을 통해서 '자주 묻는 질문'을 챗봇chatbot(음성이나 문자를 인식해 명령을 수행하는 컴퓨터 프로그램)이 해결하도록 해두었기 때문이다. 기초적인 질문에서부터 기술적인 질문까지 수많은 질문을 유형화시키고 세분화하여 적절한 답변 체계를 챗봇에 구축해두었다. 그래서 문의 사항의 대부분은 자동화 시스템으로 해소되기 때문에 사람의 손이 따로 필요 없다.

CS를 담당하는 아르바이트생은 이 시스템을 통해서도 해결되지 않은 고객들의 문의에만 대응하면 된다. 그러니 하루에 수백, 수천 건의 고객 문의가 들어와도 문제 없는 것이다.

또 한 가지 예를 들어보겠다. 헬퍼가 심부름을 완료하면 수익금을 적립해주는데, 헬퍼가 인출을 신청하면 수수료를 제하고 평일 기준 이틀 뒤에 지급된다. 월요일에 심부름을 완료한 후 인출 신청을 하면 수요일에 수익금을 받을 수 있는 것이다.

월요일부터 금요일까지 매일 수많은 헬퍼의 수익금을 정산해주는 것은 별거 아닌 것 같지만 굉장히 이례적인 정책이다. 상시 정산은 회사에 상당히 부담스러운 업무이기 때문이다. 대형 음식 배달 앱 회사들도 배달료는 주급제로 정산한다.

우리 회사가 매일같이 이런 정산 시스템을 가동하는 이유는 고객 만족을 위해서다. 우리에게는 헬퍼도 소중한 고객이고 헬퍼들이 가장 원하는 것은 결국 '퀵머니'이기 때문이다.

대부분의 회사에서는 수익금 정산을 위해 다수의 회계 직원을 투입한다. 그러나 우리 회사가 매일 수백, 수천 명의 헬퍼에게 수익금을 정산하기 위해 고용한 인력은 시간제 아르바이트생 1명 뿐이다. 그것도 풀타임이 아니라 하루에 1시간 재택근무로 끝나는 아르바이트다. 관리자 페이지를 자동화시켜놓은 덕분이다.

우리 회사는 수익금 인출을 신청한 헬퍼들의 데이터를 관리자 페이지에서 엑셀 파일로 추출할 수 있게 만들었다. 그 엑셀 파일을 우리의 주거래 은행 사이트에 업로드하고 지급 버튼만 누르면 수익금 인출을 신청한 모든 헬퍼에게 즉각 수익금이 송금된다.

바로 그 일을 아르바이트생이 재택으로 하루에 1시간씩 하는 것이다. 얼마나 효율적인가? 수많은 사람과 엄청난 돈이 걸려 있는 일이지만, 사전에 모두 자동화를 시켜놨기 때문에 정규 인력이 필요 없는 것이다.

마케팅도 마찬가지다. 요즘에는 스타트업들이 활용할 수 있는 우수한 마케팅 플랫폼이 많다. 대표 자신이 구글, 페이스북, 인스타그램, 유튜브 등 각 마케팅 플랫폼의 특징을 이해하고 있으면 굳이 마케팅 직원 없이도 얼마든지 SNS 마케팅을 진행할 수 있다.

마케팅 콘텐츠 제작은 프리랜서 디자이너에게 맡기면 그만이다. 물론 콘텐츠를 어떻게 디자인해야 할지는 서비스를 가장 잘 이해하는 대표가 기획하면 된다.

구글이나 페이스북만 적절히 활용해도 훌륭한 광고 효과를 볼 수 있다. 처음에 콘텐츠 소재를 만들고 예산 등을 세팅하는 데 하루 정도 걸리고, 그다음부터는 광고 효율이 어떻게 나오는지 매일 1~2분씩 체크만 하면 된다.

온라인 마케팅 외에 오프라인 마케팅을 하고 싶다면 마케팅 대행사의 도움을 받는 것도 좋은 방법이다. 대표가 마케팅 기간, 장소, 예산 등만 정해주면 대행사에서 콘텐츠도 제작해주고 광고 효과도 분석해준다.

대부분의 스타트업 대표는 여전히 분야별로 직원을 뽑아서 일을 맡기는 데 익숙하다. 이제부터라도 모든 업무를 시스템화하라. CS와 회계를 시스템화하고, SNS 마케팅 플랫폼을 활용한다면 굳이 직원을 뽑지 않아도 대표 혼자서 얼마든지 사업을 진행할 수 있다.

캡틴 아메리카보다는
타노스가 되어라

———————— 마블 영화 〈어벤져스〉에는 최고의 슈퍼 히어로로 이뤄진 어벤져스가 상대하는 무시무시한 악당이 등장한다. 바로 타노스다. 1명이지만 그 힘은 어벤져스보다도 강하다.

타노스는 지구에 해악만 끼치는 인간을 지구에서 퇴출해야 한다며 전 세계 인류 수를 반으로 줄여버렸다. 그러자 위험에 처한 인류를 구하기 위해 헐크, 아이언맨, 토르, 스파이더맨 등 각자 자기만의 초능력을 자랑하는 슈퍼 히어로 드림팀이 탄생한 것이다.

어벤져스의 리더인 캡틴 아메리카는 다른 구성원들에 비하면 개인 기량이 돋보이지 않는 인물이다. 그의 싸움 실력은 레이저를 쏘고 하늘을 나는 아이언맨, 괴력을 지닌 헐크, 천둥의 신 토르에 비할 바가 못 된다. 그런데도 캡틴 아메리카가 리더가 된 이유는 가장 도덕성이 뛰어나고 친절한 성품을 지닌 그가 개성 강한 다른 팀원들을 하나로 결속시켜 이끌어갈 수 있는 인물이기 때문이다.

비록 판타지 영화이지만, 나는 어벤져스아 타노스의 싸움을 조금 나른 시각에서 관전했다. 선악의 관점, 그러니까 '영웅'과 '악당'이라는 고전적인 역할 분담을 배제하고 두 팀의 전투를 눈여겨보자. 만일 이 두 팀이 서로 경쟁하는 스타트업이라면 어느 팀이 더 빠르게 성공할까? 과연 어느 팀이 3년 내 92퍼센트가 망한다는 죽음의 계곡을 슬기롭게 넘어갈 수 있을까?

많은 창업가가 캡틴 아메리카가 이끄는 어벤져스에 한 표를 던질지 모른다. 실제로, 스타트업 대표들은 대개 각 분야의 전문성을 가진 사람들을 하나둘 모아 어벤져스를 만들고 성공을 향해 멋지게 달려가는 그림을 그리고 있다.

그러나 나는 생각이 다르다. 적어도 스타트업 대표라면 캡틴 아메리카보다는 타노스가 되어야 한다. 물론 독불장군처럼 누구의 도움도 없이 혼자서 사업을 성공시켜야 한다는 뜻이 아니다. '나는 1인 스타트업이다' '나 혼자서도 할 수 있다'라는 신념으로 사업을 시작해야 한다는 말이다.

스타트업으로 성공하고 싶다면 각 분야의 전문가를 채용해서 일을 맡길 생각만 하지 말고, 시간이 많이 할애되더라도 대표 스스로 각 분야의 업무를 연구하고 분석할 필요가 있다. 그래야만 비용을 줄일 수 있고, 추후 직원들을 채용해도 정확하게 업무를 지시할 수 있기 때문이다. 업무 지시와 피드백이 구체적이고 명료하면 그만큼 대표에 대한 직원들의 신뢰도가 올라간다.

대표가 각 분야 업무에 상당한 식견과 전문성을 쌓는다면, 훗날 헐크처럼 개성 강하고 '한 성깔' 하는 전문가가 들어온다 해도 충분히 시너지 효과를 낼 수 있다.

스타트업은 전쟁이라고 했다. 평상시에는 의사를 결정하는 데 다수결과 같은 민주적 절차가 중요할지 몰라도, 전시에는 그런 것들이 전열을 흐트러뜨리고 승리를 방해하는 요인이 될 수 있다. 전쟁이라는 비상시에는 야전사령관에게 팀 내 불화를 조율하고 화해시키고 훈계할 여유가 있겠는가?

이제 막 사업을 시작했다면 캡틴 아메리카보다는 타노스가 되어라. '나는 1인 스타트업이다' '나 혼자 다 하겠다'는 각오로 사업에 임하라.

투자받지
마라

──────────── 언제부터인가 '스타트업'과 '투자'가 핫한 키워드가 되었다.

스타트업이 이렇게 관심을 끈 적이 있었을까 싶을 정도로 대기업을 비롯한 투자자들의 관심이 스타트업에 몰리고 있다. 정부나 각급 지방자치단체에서 청년을 위한 창업 지원 프로그램을 만들어 적극적으로 투자 환경을 조성하고, 각종 포털과 유튜브에는 스타트업 투자와 관련된 콘텐츠들이 범람한다.

어쨌든 스타트업 대표로서는 환영할 만한 일이다. 그러나 스타트업 창업자들이 '사업을 하면 무조건 투자를 받아야 한다'는 고정관념을 갖게 된 점이 우려스럽다.

사업을 하려면 투자금이 필요하다는 말이 틀린 것은 아니다. 문제는 그 투자를 고민하는 시점이 너무나도 이르다는 것이다. 심지어 스타트업을 창업하기도 전에 이미 투자받을 생각부터 하는 경우도 많다. 이는 성급한 처사이며 결과적으로 본말이 전도

된 것이다.

스타트업을 창업하는 사람은 얼마가 되었든 사업 자금을 가지고 시작하기 마련이다. 자기 돈이 없으면 주변 사람이나 은행에서 빌려서라도 자금을 마련한다. 창업 초기에는 돈을 아껴 쓰면서 투자자보다는 고객에게 집중해야 한다. 고객이 무엇을 원하는가를 먼저 파악하고 그들이 원하는 서비스를 만드는 데 심혈을 기울여야 하는 것이다. 스타트업 창업자들의 주머니에 있는 몇백, 몇천만 원의 자금은 결코 적은 돈이 아니다. 절약만 한다면 그 돈으로도 충분히 서비스를 만들 수 있다.

앞에서도 언급했지만, 직원을 자꾸 뽑으니까 돈이 나가는 거고, 목 좋고 인테리어가 잘된 사무실로 이전하니까 임대료가 많이 드는 거고, 뚜렷한 전략 없이 마케팅을 하니 돈이 금방 소진되는 것이다. 투자자가 나의 사업계획서를 어떻게 생각할지 신경 쓸 시간에 고객을 위한 서비스의 목표와 전략을 구체화하라. 그리고 만들려고 하는 서비스가 속한 시장을 깊이 연구해야 한다. 타깃 시장이 명확하고 서비스 기획안이 명료하면 개발은 일사천리로 진행된다. 그만큼 시간을 단축할 수 있고 자금도 계획성 있게 사용할 수 있다.

'해주세요'는 처음 아이디어를 구상한 지 약 4개월 만에 출시되었다. 스타트업들이 새로운 서비스를 개발하고 출시하는 데 평균 1~2년씩 걸리는 것을 생각하면, 개발 기간이 매우 짧다. 대표가 타깃 시장을 훤히 꿰뚫고 있고, 서비스를 제대로 기획한 뒤 개발자에게 작업 의뢰를 하면 시제품 완성까지 오래 걸릴 이유가 없다.

서비스 개발이 마무리될 즈음에 MVP^{minimum viable product}(고객의 피드백을 받아 최소한의 기능을 구현한 제품)를 시범 출시하여 먼저 고객들의 반응을 살펴보고, 고객들의 피드백을 반영하여 업데이트한 서비스를 최종 출시하면 된다. 이 과정에서 대표의 역할이 가장 중요함은 더 말할 나위가 없다. 이런 일을 해야 할 시간에 대표가 투자자를 만나러 가고, 네트워킹을 위한 친목 모임에 다니는 것은 잘못돼도 한참 잘못된 것이다.

서비스를 정식 출시했다고 일이 끝나는 게 아니다. 대표는 다양한 고객들의 만족도에 각별히 신경 써야 한다. 고객들이 내 서비스를 어떻게 사용하고 있는지, 사용성에 문제가 있지는 않은지 파악하고, 서비스 수정 및 업데이트에 전력 집중해야 한다.

사업이 잘되면 굳이 내가 먼저 연락하지 않아도 투자자들은 마치 꿀 냄새를 맡은 벌떼처럼 알아서 찾아온다. 내가 운영하는 '해주세요'가 지금 그런 상황이다. 나는 투자 유치를 위해 투자자에게 연락한 적이 한 번도 없다. 고객 만족에만 집중했더니 고객들이 많이 몰려오고, 이것이 투자자들의 눈에 띄어 하루가 멀다고 연락이 온다. 투자자들은 바보가 아니다. 될성부른 나무는 떡잎부터 알아본다. 서비스에 많은 고객이 몰리고, 입소문이 나고, 언론을 타기 시작하면 투자를 받을 시기가 아니어도 그들은 스스로 알아서 찾아온다. 스타트업 대표가 제대로 된 서비스를 만드는 데 집중하지 않고 사업계획서나 들고 투자자들을 만나러 다닌다면, 설사 투자를 받는다 해도 이미 진 게임이다. 그 대표는 투자금을 받는 대신 엄청나게 많은 지분을 내주어야 할 것이다.

투자자는 은행이 아니다. 물론 자선사업가도 아니다. 그들은 똑똑하고 지독할 만큼 계산적인 사람들이다. 절대 적당한 회사나 적당한 서비스에 투자하지 않는다. 그들이 원하는 것은 결국 회사의 지분이다. 회사의 지분은 창업자의 영혼을 송두리째 갈아서 만든 결과물이다. 나의 돈, 나의 시간, 그리고 내가 피와 땀을 흘려 일궈낸 회사의 지분을 굳이 제3자에게 주고 싶은가?

미국의 뉴스레터 서비스 기업 메일침프Mailchimp는 단 한 번도 투자받지 않고 20년간 성장한 회사로 유명하다. 그간 메일침프는 창업자의 철학에 따라 외부 투자나 매각 등에 관심이 없음을 공공연히 드러냈다. 그런데 2021년 9월, 인튜이트Intuit라는 금융 소프트웨어 기업이 120억 달러(약 14조 원)에 메일침프를 인수했다는 뜻밖의 소식이 들려왔다.

이 소식에 아쉬움을 느끼는 사람도 있겠지만, 나는 고개를 끄덕였다. 20년간 운영을 했지만 더 성장하기는 힘들겠다는 판단이 서지 않았겠는가. 그간 메일침프는 투자받은 적이 단 한 번도 없었으므로 매각 대금은 대부분 창업자에게 돌아갔을 것이다.

지분이란 이처럼 중요한 것이다. 아무리 투자자로부터 유치한 금액이 성공의 바로미터가 되었다지만, 투자받기 위해 생명줄 같은 회사의 지분을 내주는 것을 절대로 쉽게 생각해서는 안 된다.

물론 사업을 하다 보면 전략적으로 투자를 받아야 할 때가 있다. 고객들의 반응도 좋고 서비스 지표도 좋고 매출도 괜찮은데, 지금보다 10배, 100배 더 빨리 성장하고 싶은 욕심이 생길 때가 있다. 그럴 때 투자를 받는 것이 현명한 선택이다.

투자 유치는 성장의 수단일 뿐 절대 목적이 될 수 없다. 때로는 성장을 위해 투자를 받을 수도 있겠지만, 가장 좋은 선택지는 역시 투자를 받지 않는 것이다. 나의 지분은 그 이상의 값어치가 있기 때문이다. 내가 보유한 자금과 사업 소득으로 최대한 경비를 아끼면서 지속 가능한 성장을 해야 경쟁력 있는 기업으로 발돋움할 수 있다.

매각하지
마라

──────────── 내 주변에는 매각을 고민하는 스타트업 대표들이 많다. 대개는 성장이 끝났거나 경쟁사들이 무섭게 치고 들어와 내 파이까지 넘보는 경우다. 매출도 예전만큼 안 나오고, 속절없이 고객들을 빼앗기다 보니 이러다가는 곧 경쟁사보다도 뒤처질 것 같은 위기감을 느끼는 것이다.

스타트업 대표에게 매각은 화려한 영광의 순간일 수도 있다. 회사를 키우기 위해 그간 얼마나 오랫동안 고생했던가? 그 고생에 보상이라도 받듯 큰돈을 거머쥘 기회가 온 것이다. 회사를 넘기고 거액의 돈을 받는 순간 성공의 종착지에 다다른 것같이 뿌듯한 기분도 들 것이다.

그런데 그게 전부다. 애정을 쏟아 자식처럼 공들여 키웠던 회사는 더 이상 내 것이 아니다. 그 회사의 급속 성장도, 장밋빛 미래도 남의 이야기가 된다.

마크 저커버그는 페이스북 설립 2년 반이 지났을 무렵 야후로부터 10억 달러짜리 매각 제안을 받았다. 한화로 1조 2,000억 원에 달하는 어마어마한 액수다.

당시 페이스북 지분을 가진 사외이사들과 임원들은 대부분 매각에 찬성하는 분위기였다. 지분에 따라 최소 수억에서 수십억, 많게는 수백억 원을 벌 기회였기 때문이다. 그러나 마크 저커버그는 일말의 여지도 없이 야후의 제안을 야무지게 걷어찼다. 이 사회에 참석했던 피터 틸은 당시의 일을 이렇게 회고했다.

2006년 7월, 야후가 페이스북을 10억 달러에 사겠다고 제안했을 때 나는 우리가 적어도 고려는 해봐야 한다고 생각했다. 하지만 이사회실로 걸어 들어온 마크 저커버그는 이렇게 선언했다.

"자, 여러분. 오늘 회의는 그냥 형식적인 거예요. 10분도 걸리지 않을 겁니다. 여기서 팔 수는 없죠."

-피터 틸 《제로 투 원》 108~109쪽

마크 저커버그는 페이스북의 성장 가능성과 미래 가치를 본 것이다. 그에게는 페이스북이 어디까지 발전할 수 있을지에 대한 비전과 확신이 있었다. 그의 결정이 옳았음을 증명이라도 하듯, 2021년 기준 페이스북의 가치는 1,000조 원을 넘어섰다. 무려 1,000배가 오른 것이다.

스타트업을 하는 사람 중 자기 회사를 거액에 인수하겠다는 제안을 거절할 수 있는 사람이 과연 몇이나 될까? 사실 나도 회사가 어려울 때는 팔고 싶은 마음이 든 적도 있다. 아무리 노력해도 안 될 것 같고, 더는 성장하지 못할 것 같았기 때문이다.

'어느 정도가 적당한 가격일까? 한 20억 원이면 그래도 오랫동안 편히 살 수 있지 않을까?'

이렇게 잔머리를 굴리기도 했다.

나는 첫 회사인 '뷰티소셜'을 투자사인 케어랩스에 매각한 경험이 있다(추후 케어랩스로부터 '뷰티소셜'을 다시 인수해왔다). 솔직히 미래에 대한 불확실성 때문에 내린 결정이었다.

'해주세요'를 출시한 지 얼마 지나지 않아 다시 한번 매각 제안을 받았다. 한국에서 규모가 큰 IT 대기업인 K사였다. 하루는 아침에 출근 준비를 하고 있는데 모르는 번호로 전화가 왔다.

"안녕하세요, 조현영 대표님이시죠?"

"네, 맞습니다만 누구세요?"

"저는 K사에서 사업개발을 담당하는 ○○○라고 합니다. 혹시 회사 매각에 관심 있으신가요?"

당연히 매각할 생각이 없다고 답했다. 그리고 그 말은 진심이었다. 이후 C사로부터 다시 인수 제안이 있었지만 내 답변에는 변함이 없었다. 이유는 간단하다. '해주세요'의 성장 가능성과 미래 가치를 잘 알기 때문이다.

지금도 나는 회사를 매각하고 싶은 생각이 없고 앞으로도 없을 것이다. '해주세요'가 향후 10배, 100배 그 이상으로 성장할 것을 확신하기 때문이다.

회사를 매각할 것인가, 말 것인가? 미래지향적으로 생각해보면 해답이 나온다. 미래지향적으로 생각하기 위한 전제 조건은 시대의 패러다임을 읽는 안목을 기르는 것이다. '현재의 트렌드가 무엇인가?' '5년 뒤에는 어떤 산업이 뜰까?' 부단히 의문을 제기하고 고민하면서 미래를 준비해야 한다.

그런 점에서 카카오의 창업자 김범수 의장은 탁월한 안목을 가진 분이었다. 카카오라고 해서 매각 제안이 안 들어왔을까? 분명 많이 들어왔을 것이다. 그런데 김범수 의장은 전혀 흔들리지 않았다. 김범수 의장 직속 카카오 전략지원팀에서 일하며 가까이에서 본 그는 시대의 패러다임을 읽는 사람이었다.

전략지원팀에서 일하던 어느 날, 김범수 의장이 우리 팀원들을 본인의 방으로 호출했다. 흔히 있는 일이었다. 어떤 사물이나 현상을 관찰하다가 뭔가 새로운 아이디어가 떠오르면 그는 늘 우리를 부르곤 했다. 물론 그 아이디어는 현실에 존재하지 않는, 약간은 두루뭉술한 경우가 많았다. 그 상태에서 우리에게 던져놓고 반응을 살폈다.

당연히 김범수 의장과 전략지원팀 팀원들은 동등한 레벨이 아니었다. 김범수 의장은 한게임부터 NHN, 네이버까지 10년 이상 거대한 성과를 이끌어온 노련한 기업가였고, 우리 팀원들은 패기는 하늘을 찌르지만 아직 경험이 부족한 20~30대 청년이었다.

우리가 김범수 의장보다 한 가지 나은 게 있다면 '젊다'는 사실이었다. 아마도 그래서 그는 종종 우리를 불러서 아이디어를 공유한 게 아닐까 싶다.

'앞으로 사람들이 이런 것을 필요로 하지 않을까?'
'우리 사회가 이렇게 바뀌지 않을까?'

그가 내는 아이디어는 대부분 미래지향적인 것들로, 처음에 들었을 때는 사실 크게 와닿지 않았다. 하지만 그는 계속해서 본인의 아이디어를 공유해서 우리가 그것에 대해 생각하지 않을 수 없도록 만들었다. 어찌 보면 모든 기획이 그렇게 시작돼서 하나의 서비스를 낳고 출시로 이어지는 게 아니겠는가?

그는 네이버의 이해진 의장과는 경영 스타일이 완전히 달랐다. 이해진 의장이 사소한 것도 그냥 넘어가지 않는 꼼꼼한 전략가라고 한다면, 김범수 의장은 옆집 아저씨처럼 푸근해 보이지만 시장의 변화에 민감하고 시대의 주류를 선점하는 장군과 같다.

지금도 강렬한 인상으로 남아 있는 에피소드가 있다. 2014년 카카오와 다음의 합병을 모두 기억할 것이다. 다음은 카카오보다 10년 이상 오래된 회사였지만 모바일 시대 전략을 미리 준비하지 못해 많이 뒤처진 상태였고, 카카오는 모바일을 기반으로 빠르게 성장하고 있었다. 말은 합병이지만 사실상 카카오가 다음을 인수한 거나 마찬가지였다.

합병을 앞두고 김범수 의장과 직원들의 타운홀 미팅이 진행되었다. 지금은 직원 수가 많아 불가능한 일이지만, 당시 카카오에서는 종종 김범수 의장과 전 직원이 한데 모여 타운홀 미팅을 했다.

질문할 기회가 주어지자 20대 후반 정도로 보이는 한 직원이 앞에 서 있는 김범수 의장에게 다소 당돌한 질문을 던졌다.

"왜 우리가 다음하고 합병해야 해요?"

타운홀엔 정적이 감돌았다. 모두 숨을 죽인 채 김범수 의장을 주시했다. 그 직원의 질문에는, 모바일의 강자인 우리가 왜 '한물 간 PC의 강자' 다음과 합병해야 하느냐는 의문이 담겨 있었다.

그 의문은 당시 모든 카카오 직원이 마음속에 품고 있었다. 우리가 훨씬 전도유망하고 최고의 인재들이 모여 있는데, 왜 하필 시대에 뒤떨어진 2류 기업과 한식구가 되어야 하는가 하는 문제의식이었다. 그만큼 카카오 직원들의 콧대가 높던 시절이었다. 잠시 후 김범수 의장은 입을 열었다.

"약 10년 전에도 지금과 똑같은 상황이 있었어요. 나는 한게임을 운영하고 있었고 포털 시장에서 4위였던 네이버와 합병을 추진했죠.

아시다시피 한게임은 게임 회사였지만, 아주 잘나갔어요. 그때도 한게임 직원들이 우려하며 저에게 물었죠. '왜 우리가 네이버하고 합병해야 합니까?'라고요.

결론은 모두 알고 있을 겁니다. 한게임은 네이버와 합병해서 NHN이 됐고, 회사 이름을 다시 바꿔서 네이버가 된 뒤 경쟁사였던 다음과 라이코스, 야후를 물리치고 국내에서 가장 큰 인터넷 기업으로 성장했습니다. 한게임과 네이버가 합병하면서 극도의 시너지 효과를 낸 거예요.

94

나는 10년 만에 다시 그런 기회가 왔다고 생각합니다."

"……."

침묵, 그리고 납득. 그 답변이 모든 의문과 우려를 깨끗이 씻어 냈다. 그 이후로는 누구도 다음과의 합병에 대해 문제를 제기하지 않았다.

다음과 합병한 지 8년이 지난 지금, 모든 국민이 그 결과를 보고 있다. 다음과 합병한 카카오는 네이버를 위협하는 거대 IT 기업이 되지 않았는가? 이것이 바로 기업가에게 필요한 미래를 내다보는 예리한 통찰력이다.

김범수 의장은 10여 년 전부터 모바일 시대의 도래를 예측하고 카카오톡 개발을 물심양면 지원했을 뿐 아니라, 금융·모빌리티 등 모든 산업이 모바일 앱 안에 들어갈 것이라고 확신했다. 시대의 조류와 기술 혁신의 맥을 정확히 집어내는 그의 선견지명이 나에게 깊은 인상을 남겼다. 그의 관심은 언제나 현재가 아닌 5년 후, 10년 후를 향해 있었다.

이제 막 스타트업을 시작하는 창업자들에게 전하고 싶은 말은, 자신의 회사가 성장 가능성이 있고 미래 전망이 밝다고 느낀다면 절대 매각하지 말라는 것이다. 직원들을 보수적으로 채용하고 최대한 비용을 아끼면서 본업에 집중하면 회사는 꾸준히 성장할 것이다.

스타트업의 진정한 성공 척도는 매각이 아니라 주식 상장이다. 회사가 재무적으로 안정적이고, 서비스 품질이 좋고, 잠재력이 크다면 상장할 수 있는 요건을 갖추게 된다. 그러면 금융위원회에 증권신고서를 제출하고 본격적인 상장 준비에 돌입하는 것이다. 금융위원회의 검토가 끝나면 기관 투자자를 상대로 한 수요 예측을 통해 공모가를 확정한 후 주식 시장에 상장하게 된다.

일반인들도 누구나 내 회사의 주식을 살 수 있게 되는 '주식 상장', 이것이야말로 사업의 열매라고 생각한다.

한눈팔지 말고
본업에 올인하라

———————————— 수많은 사람이 스타트업 창업의
대열에 서는 이유는 성공하기 위해서다. 경험 삼아, 취미 삼아 그
많은 돈과 시간을 투자해서 스타트업을 할 사람은 없다.

성공으로 가는 길은 험난하기 이를 데 없다. 폭설과 폭우에 발
이 묶이기도 하고, 생각지 못한 복병을 만날 때도 있다. 그러나
성공의 과실이 달콤하다는 것을 알기에 창업자들은 오늘도 열정
을 쏟아부으며 한 발 한 발 앞으로 나아가는 것이다.

그런데 모든 창업자의 생각이 같지는 않은 모양이다. 일부 스
타트업에서 개인의 자율성과 '워라밸'을 지키기 위해 주 5일 또
는 주 4일 근무, 정시 퇴근, 자유로운 연차 사용을 권장한다는 기
사를 볼 때면 '꼰대'스럽게도 걱정이 되곤 한다. 물론 성장이 빠
르거나 사금이 안정적인 회사라면 충분히 이해한다. 그러나 아
직 적자에서 벗어나지 못한 스타트업이 그런 선택을 하는 것은
위험하다고 본다.

만에 하나 사업이 계획대로 흘러가지 않아 회사가 어려워지면 어떻게 할 것인가? '가족 같은' 직원을 자를 것인가, 아니면 적자를 메우기 위해 고객들에게 더욱 높은 서비스 비용을 부를 것인가? 둘 다 회사에 치명적인 결과를 가져올 게 뻔하다. 당신이 정말 사업 안정과 성공을 바란다면 절대 그렇게 해서는 안 된다.

요즘 시대에 직원들에게 워라밸을 보장해주고, 좋은 복지를 제공하지 않으면 누가 그 회사에 오려고 하겠냐고 반문하는 사람도 있을 것이다. 물론 틀린 말은 아니다. 하지만 역으로 워라밸 문화와 좋은 복지를 기준으로 회사를 선택하는 직원이라면, 회사 사정이 안 좋아져 야근을 해야 하고 복지가 없어진다면 제일 먼저 회사를 그만두지 않을까?

결국 스타트업에 잘 맞는 사람은, 회사의 복지가 아닌 회사의 비전과 잠재력에 이끌리는 사람이다. 이런 직원들과는 빛이 보이지 않는 폭우 속에서 쪽배를 타고 항해해도 든든할 것이다.

스타트업 대표는 고시생과 같다. 주 5일 평일에만 공부하고 주말에는 휴식을 취하거나 여행을 가는 고시생을 보았는가? 오후 6시가 되면 책을 덮고 클럽에 가는 고시생을 보았는가? 시험에 합격할 때까지 고시생들은 365일 오로지 공부에만 매달린다.

스타트업도 마찬가지다. 스타트업 해서 성공하려고 마음먹은 사람이라면 그 정도의 헌신과 열정은 갖춰야 한다. 사실 그렇게 해도 성공할까 말까다.

스타트업을 한다는 건 공부보다 더 높은 차원의 일이다. 인복도 따라줘야 하고, 시장 동향도 살펴야 하고, 경쟁사 상황도 고려해야 한다. 기획, 개발, 마케팅, CS 등 사업의 모든 요소가 톱니바퀴가 맞물리듯 정밀하고도 정확하게 맞아떨어져야 한다. 고시생들 역시 리스크는 많지만 떨어지면 다음 기회를 노리면 된다. 그러나 스타트업이 실패하면 시간은 물론 돈이 엄청나게 깨진다. 하루하루가 다 유료다. 자칫 실패하면 리스크가 상상을 초월할 정도로 어마어마하다. 본인이 저축한 돈이 아니라 누군가에게 빌려서 시작했을 경우, 인간관계가 파탄 날 수도 있다. 대출로 시작했다면 신용불량자가 될 수도 있다. 그러니 이를 악물고 고시생보다 더 열심히 해야 하지 않겠는가.

스타트업 창업을 투잡 정도로 생각하고, 직장을 다니면서 저녁이나 주말을 이용해서 자기 사업을 하겠다는 사람이 의외로 많다. 퇴근 이후나 주말에 열심히 뭔가를 만들고, 투자를 유치해서 매출을 올린 뒤 퇴사하겠다는 계획이다. 직장을 다니면서 남는 시간에 공부해서 사법고시에 합격한 사람을 본 적이 있는가?

스타트업 창업을 진심으로 원한다면 직장을 그만두고 사업에만 올인해야 한다. 다른 일을 하면서 부업으로 사업을 하겠다는 발상은 망상에 가깝다. 수천 명, 수만 명이 사용하는 서비스를 과연 여가 시간만으로 운영할 수 있을까? 자동화 시스템을 모든 직무에 적용한다 해도 엄연히 한계가 존재한다.

생각의 끈을
놓지 마라

———————————— 헌신과 열정을 다해 오로지 운
영 중인 서비스에만 집중하고 고객의 목소리에 집중하라.

스타트업 대표에게 취미생활은 사치다. 사실 내가 아는 성공한
스타트업 대표들은 대부분 일밖에 모르는 사람들이다. 성공하기
전까지 그들은 먹고 자는 시간을 제외한 모든 시간을 오로지 사
업에만 몰두했다.

자는 시간을 제외하고 계속 일만 하면 몸도 마음도 힘들다. 그
런데, 바로 그 점이 성공을 더 앞당긴다.

왜 그럴까? 사람이 계속 일을 하면 '생각의 끈'이 이어지기 때
문이다. 만일 당신이 금요일까지 일하고 주말에 쉬었다면 월요일
에 새로운 아이디어가 떠오르기보다는 고민의 깊이가 금요일 수
준에서 딱 멈춰버릴 것이다. 다시 그 고민의 깊이까지 가려면 상
당한 시간이 걸리기 마련이다. 목적지를 향해 출발한 자동차가
중간에 이틀 쉬었다 가면 그만큼 종착지에 도달하는 데 시간이

더 많이 걸리는 것과 같은 원리다.

사업을 하다 보면 늘 예기치 않은 문제들에 봉착하게 된다. 그것은 서비스 기획에 대한 것일 수도 있고, 직원 채용에 관한 것일 수도 있고, 정책 또는 법적인 문제일 수도 있다.

지금 당신 앞에 놓인 문제들에 대한 해결책을 찾기 위해서는 생각의 끈을 이어가야 한다. 그리고 깊이 천착하라. 생각의 깊이, 고민의 깊이가 깊을수록 문제에 대한 제대로 된 해답을 도출할 수 있다. 제때 해결책을 찾지 않으면 호미로 막을 것을 가래로 막게 된다.

나 역시 잠자리에서 일어나 눈 뜨고 있는 시간에는 계속 일 생각만 한다. 먹는 시간에도, 샤워하는 시간에도 오로지 고객과 서비스만 생각한다. 그러다 보면 어느 순간 생각의 깊이가 깊어지고, 앞으로 전개될 일이나 변수들에 대해서도 예측할 힘이 길러지는 걸 느끼게 된다.

더불어 깊은 생각의 우물에서 길어 올린 해결책들은 시간이 지난 뒤에도 수긍이 가고, 깊은 고민 없이 즉석에서 제시한 해결책들은 꼭 탈이 난다는 사실도 깨달았다.

스타트업으로 성공하고 싶다면 쉬지 말고 달려라. 하루 16시간, 주 7일, 365일 일해라.

서비스 기획 조언, 해주세요

3

서비스는 품질이
가장 중요하다

———————————— 2018년 케어랩스로부터 투자받을 즈음에 알게 된 분이 있다. 유니콘 기업을 운영하는 분인데, 지나가는 듯이 툭툭 흘리는 말 한마디 한마디가 나에게 금과옥조 같은 조언이 되어 멘토로 모시고 있다.

하루는 그가 내게 이런 조언을 해주었다.

"내가 예전에 100억 원 정도를 투자받으려고 여러 투자자를 만나면서 느낀 게 있어요. 투자자들이 가장 중요하게 보는 건 결국 서비스 지표더라는 거죠. 그리고 이 서비스 지표를 견인하는 건 서비스의 품질이거든요."

이 말이 매섭게 다가왔다. 당시 운영하고 있던 '뷰티소셜'의 품질을 다시 한번 돌아보았다. 물론 그가 나의 서비스를 겨냥해서 한 말은 아니었지만, 깊은 고민이나 세심한 기획 없이 그 앱을 만들었단 사실이 늘 마음 한편에 아쉬움으로 남아 있었다.

며칠을 고민하던 나는 이 앱의 운영을 중단하고 다시 만들어야겠다고 결심했다. 서비스 운영을 1~2년만 하고 말 것도 아니고 앞으로 5년, 10년간 사업을 하려면 도저히 이 품질로는 안 되겠다는 판단이 선 것이다. 다행히 투자받은 지 얼마 안 된 상황이라 자금에는 여유가 있었다.

월요일 오전, 주간회의 말미에 직원들에게 내 결심을 밝혔다.

"저… 우리 지금 앱은 접고 새롭게 다시 만들면 어떨까 해요."

"네? 고생해서 개발하고 지금까지 운영해왔는데, 이제 와서 이걸 접자고요?"

"우리 서비스에 대해서 냉정하게 평가해보면 좋을 거 같아요. 솔직히 서비스 품질이 많이 떨어지는 것 같아요. 만족도가 그렇게 높지 않으니 유저가 왔다가도 그냥 나가는 거 같고, 아무리 마케팅을 해도 효과는 잠깐뿐이잖아요. 한 번 간 유저는 다시 돌아오지 않아요.

모든 걸 접고 원점으로 돌아가 다시 시작해요, 우리."

직원들의 눈에 나는 독단적이고 정신 나간 대표로 보였으리라. 이로 인해 여러 날 회사에서 직원들과 갈등을 빚었지만, 결국 직원들의 반대를 무릅쓰고 앱을 과감하게 접었다. 그리고 '뷰티소셜'을 처음부터 다시 만들기 시작했다.

이때는 서비스 기획의 정교함을 높이기 위해 기획 단계부터 아주 치밀하고도 꼼꼼하게 챙겼다. 그렇게 '그루밍족'의 모태가 되는 뷰티소셜의 업그레이드 버전이 탄생했다.

지금 돌이켜 보면 그때 나의 선택이 옳았다는 것을 알지만, 당시에는 수많은 반대를 무릅쓰고 똑같은 콘셉트의 앱을 또 하나 개발하는 여정은 결코 평탄하지 않았다. 그러나 그때 우왕좌왕하며 과감하게 결정을 내리지 못했다면 '그루밍족'은 훗날 빛을 보지 못했을 것이다.

남성 전용 성형 정보 앱이 존재하지 않은 상황에서 '그루밍족'이 출시되자 그동안 여성 고객에 맞춤한 성형 정보 앱을 사용하며 불만족했던 남성들 사이에서 입소문이 났고 유저가 몰려들기 시작했다. 이 앱을 통해 검증된 의료인과 남성 맞춤의 성형·시술 정보를 얻을 수 있었기 때문이었다. 게다가 앱의 높은 편리성과 사용성도 고객 만족에 한몫했다.

뜨거운 반응이 이어지자 국내 수백 개의 성형외과가 광고 효과를 바라보고 앞다투어 '그루밍족'에 입점을 신청했다. 그중에는 강남 신사역 인근에 있는 국내 최대의 성형외과 A병원도 있었다.

A병원은 내가 처음으로 개발했던 '뷰티소셜'에 입점시키기 위해 찾아갔다가 프론트 데스크에서부터 문전박대를 당했던 곳이다. 여러 차례 미팅을 요청해도 연락 한 통 없던 그 병원이 '그루밍족'에 입점한 뒤 남성 고객 매출이 30퍼센트 증가했다고 한다. 당시 그 병원에서 성형 수술을 한 남성 고객들의 약 30퍼센트가 '그루밍족'을 통해서 고객으로 간 셈이다.

시간이 흘러 다시 A병원을 방문한 적이 있다. 내가 예전에 찾아갔던 곳이 맞나 싶을 정도로, 첫 방문 때와는 느낌이 사뭇 달랐다. 여러 명의 직원이 기다렸다는 듯이 나를 맞이하며 병원 곳곳을 안내해주고 원장님들도 쉽게 만날 수 있었다.

어떤 서비스가 망하거나 잘 안 되는 데는 여러 이유가 있을 것이다. 그중에는 아이디어가 좋지 않다거나, 시장 수요가 없어서일 때도 있다. 그런데 이런 것들은 사실 그렇게 큰 문제가 되지는 않는다. 피보팅과 리브랜딩을 하면 되기 때문이다.

그러나 서비스의 품질이 좋지 않고 사용성이 떨어진다면 답이 없다. 먼저 고객 입장에서 생각해보라. 어떤 앱을 설치했는데 이해할 수 없는 오류가 발생하거나, 사용성이 너무 떨어진다면 어떻게 하겠는가? 당연히 그 앱을 삭제하고 두 번 다시 쓰지 않을 것이다.

온라인 서비스를 운영하는 스타트업으로 성공하고 싶다면 기획 단계부터 최고의 서비스 품질을 만드는 데 집중해야 한다. 명심하라. 모든 서비스의 생명은 편리하고 뛰어난 사용성이다.

서비스 기획부터
시작하라

─────────────── 품질 관리의 시작점은 결국 기획
이다. 서비스 기획안은 건축 설계도와 같다. 지상 10층 지하 4층
짜리 건물을 지으려고 한다면, 지하 4층부터 지상 10층까지의 공
간을 어떻게 구성할지, 엘리베이터는 어디에 위치하고 배관은 어
떻게 할지 건축과 관련된 모든 것들을 설계도에 담아야 한다. 만
일 제대로 된 설계도 없이 건물을 짓는다면 필히 부실 공사로 안
전 사고를 초래할 것이다.

우리가 만드는 앱이 유저를 맞이하는 물리적 공간은 스마트폰
액정 속 조그마한 사각형이다. 이 작은 모바일 화면에 서비스의
모든 것을 구현해야 한다. 수십, 수백만 명의 유저를 만족시키려
면, 이 작은 화면에 무엇을 어떻게 표현해야 할 것인가? 서비스
기획은 나의 머릿속에 있는 마스터플랜을 누구나 이해할 수 있
는 말과 그림으로 제시하는 일이다.

다시 건축 설계도를 예로 들면, 창유리는 단열 유리를 쓸 것인

지 일반 유리에 단열필름을 시공할 것인지, 조명은 직접조명인지 간접조명인지, 바닥재는 뭐로 할 것인지 이 모든 것들을 초기 단계부터 계획하고 공유해두어야 협업자 간의 혼선을 줄일 수 있다.

대표가 기획에 대한 깊은 고민 없이 개발자와 디자이너에게 일을 맡겼을 경우, 애초에 의도와는 달리 배가 산으로 가는 일이 벌어지기 쉽다. 그런데 안타깝게도 많은 스타트업 대표가 서비스 기획의 중요성을 간과한다. 대충 아이디어만 던져주고 자기가 기획을 했다고 착각하거나, 디자이너와 개발자에게 기획을 맡기고 그들에게 의존한다.

그러나 서비스 기획만큼은 대표가 직접 챙겨야 한다. 개발, 디자인, 마케팅, 무엇 하나 중요하지 않은 것이 없지만, 기획이 제대로 되지 않으면 아무리 실력 있는 개발자와 디자이너가 달라붙어 서비스를 개발하더라도, 아무리 좋은 마케팅을 해도 고객들에게 사랑받는 서비스가 될 수 없다.

앞으로 서비스가 출시되면 10만 명이 들어올지 100만 명이 들어올지 아무도 알 수 없다. 기획 단계에서는 그 모든 변수를 예측하여 기획에 반영해야 한다. 경쟁사의 앱들도 하나하나 검토해서 담을 건 담고 버릴 건 버리면서 차별성을 만들어가는 게 좋다.

시간은 신경 쓰지 마라. 조급해할 필요는 없다. 다른 시간은 다

아껴도 기획에 쓰는 시간만은 몇 개월이 됐든 최대한으로 확보하라. 개발도 디자인도 잊어버려라. 가장 중요한 기본 설계도가 완성되지도 않았는데 건축 자재부터 사고 시공 인력부터 채용하는 우를 범하지 마라. 시비스 기획을 하는 동안에는 오로지 과녁으로 삼은 시장과 고객만을 생각해라. 이 서비스가 어떻게 하면 타깃 유저의 페인 포인트pain point(불편 사항)를 해결할 수 있을지 고민하라.

지금도 기획의 중요성을 모르는 많은 스타트업 대표가 처음 기획을 시작하면서 개발자를 뽑고, 디자이너를 뽑고, 마케팅 직원을 뽑는다. 다른 사람을 거론할 필요 없다. 나도 그랬다.

미국 LA에서 창업했을 때도 오로지 성공하고 싶은 마음만 가득했을 뿐, 서비스 기획에 대한 어떤 경험도 사전지식도 없었다. 그동안 다국적 IT 기업에서 직장 생활은 오래했지만 단 한 번도 내 손으로 서비스를 만들어 운영해본 적이 없었다. 옆에서 조언해주는 사람도 없었다. 그러니 처음부터 개발자와 디자이너를 뽑아놓고 작업 성과에만 매달려 기획이 끝날 때까지 몇 개월을 놀게 만들었다. 누구를 탓하겠는가? 무엇이 중요한지 몰랐던 나의 무지가 낳은 결과였다.

몇 년간의 시행착오를 겪고 고생한 끝에 2021년에 출시한 '해주세요'부터는 빈틈없는 서비스 기획을 하게 되었다. 오늘도 쉼 없이 고군분투하는 창업자들을 위해 기획 과정을 공개한다.

내가 심부름 대행 앱에 처음 주목한 때는 2021년 초였다. 수년 전부터 음식 배달이나 청소, 이사 등을 대행하는 앱이 많아졌는데, 사회적 거리두기의 장기화와 1인 가구 증가에 따라 그 수요는 갈수록 증가했다.

그런데 이러한 대행 앱들을 사용하며 불편함을 느꼈다. 종류별로 앱이 나뉘어 있다는 점이었다. 음식 배달을 시킬 때는 이 앱을 써야 하고, 청소를 맡기려면 저 앱을 써야 하고, 이사를 하려면 또 다른 앱을 써야 한다는 번거로움이 있었다.

'이 모든 일을 올인원all-in-one으로 더 빠르고 간편하게 사용하게 할 수는 없을까?'

당시 함께 일하던 아르바이트생과 오랜 논의 끝에 뽑은 키워드가 '심부름'이었다. 심부름 대행 앱 하나로 배달, 청소, 이사 등 고객이 원하는 모든 일을 할 수 있지 않을까?

나는 기존의 심부름 시장에 어떤 플레이어들이 있는지 자세히 들여다보았다. 상당히 많은 업체가 이미 심부름 시장에서 활약하고 있었다. 앱들을 직접 사용해보니 하나둘 맹점이 보이기 시작했다.

기존 심부름 앱 서비스들은 대부분 B2C^{business to customer}(기업과 소비자 간 거래) 방식이었다. 그러나 기업이 심부름을 수행해주는 헬퍼를 몇십 명씩 고용해서 트레이닝하는 방식으로는 전국에 퍼져 있는 고객들의 다양한 요청을 실시간으로 소화해내기는 어려웠다.

고객들이 요청하는 심부름도 배달부터 병원 동행, 청소 대행, 벌레 잡기까지 스펙트럼이 대단히 넓어서 전 연령과 전 지역을 아우르는 플랫폼으로 발전하지 못하고 대개는 몇 개의 지역에 국한된 서비스를 시행하고 있었다.

이런 문제점들을 해결한다면 굉장한 기회의 문이 열릴 것이라는 예감이 왔다. '심부름 대행 시장의 가능성은 매우 크지만, 제대로 된 플레이어가 없다'는 가설을 세우고, 이를 극복할 수 있는 서비스를 기획하기 시작했다. 물론 내가 넘어야 할 허들은 한두 개가 아니었다.

'어떻게 하면 청소년부터 노년층까지 전국의 모든 사람을 실시간으로 일대일로 매칭해주는 앱을 만들 수 있을까?

어떻게 하면 코로나19 시국으로 힘들어진 사람들이 신속하게

수익을 창출할 수 있는 수익 모델을 선보일 수 있을까?'

나의 고민은 끊임없이 발전하면서 서서히 본질에 다가갔다. 그러던 어느 날, 미국에서 우버 기사로 일할 때 경험했던 C2C customer to customer(소비자 간 직거래) 방식이 번쩍 떠올랐다.

'바로 이것이다! 하나의 플랫폼을 통해서 심부름의 수요와 공급을 서로 공유하면 모든 문제는 해결될 것이다.'

고객이 올린 심부름 내용과 가격을 보고 헬퍼가 지원을 하면 실시간 매칭해주는 '해주세요'의 거래 시스템은 이렇게 탄생했다.

서비스명이
중요하다

─────────────── 서비스의 품질 못잖게 중요한 것이 서비스의 이름이다. 서비스명은 발음하기 쉽고 직관적일수록 좋다. 주변 사람들이 서비스 이름을 처음 듣고 '아하!' 하고 한 방에 어떤 앱인지 눈치 챘다면 일단 합격이다. 반대로 고개를 갸우뚱하며 '그거 뭐 하는 서비스야?'라고 묻는다면 넘어야 할 산이 많은 것이다. 덧붙는 설명이 길어지면 길어질수록 그만큼 고객에게서 멀어진다고 볼 수 있다.

영어권 성형 정보 앱 '뷰티소셜'의 서비스명은 미국 사람들이 알아듣기 쉽게 지은 이름이었다. '뷰티' 하면 미용이 연상되고, '소셜' 하면 사람과 사람이 소통하는 이미지가 그려지기 때문에, 영어권 사람들이 듣기에는 깔끔하고 괜찮은 이름이었다. '뷰티'라는 단어에서 성형이라는 것을 바로 유추해낼 순 없지만 그래도 미용 관련 업종이라는 것을 알 수 있었다.

이후 케어랩스로부터 투자를 받고 나서 미국 생활을 정리하고 한국으로 돌아와 기존 앱에 약간의 피보팅을 해서 한국으로 의료 관광을 오는 영어권 고객들을 대상으로 '뷰티소셜'을 재출시했다.

나는 먼저 한국의 성형외과들을 방문하여 '뷰티소셜' 홍보를 시작했다. 한마디로 방문 영업을 한 것이다. 안타깝게도 병원 담당자들은 하나같이 서비스명을 외우기 어려워했다. 입에 착 붙지 않는지, 다들 발음하기도 힘들어했다. 나는 매번 병원 담당자를 붙잡고 차근차근 설명을 해야만 했다.

"뷰티소셜은 영어권 고객들을 대상으로 한 광고 서비스이고, 여기에 입점하시면 외국인 고객들을 손쉽게 유치할 수 있습니다."

그런데 영업의 방식에는 방문뿐 아니라 전화를 통한 콜드콜cold call도 있지 않은가? 그런데 담당자들이 매번 '뷰티소셜'이란 말을 못 알아들어서 굉장히 애를 먹었다. 나는 이때 서비스명이 중요하다는 사실을 처절하게 느꼈다. 한국에서는 한국인이 발음하기 쉽고 의미 전달도 잘되는 서비스명이 최고인 것이다.

'뷰티소셜'이 실패 사례라면, 지금 운영 중인 '그루밍족'과 '해주세요'는 성공 사례라고 할 수 있다. 내가 지금 다시 이름을 고안한다고 해도 이보다 좋은 이름을 짓기는 어려울 것이다.

'그루밍족'은 신조어를 활용한 예다. 2006년 남성 패션 잡지 〈아레나〉에서 처음 쓰인 '그루밍'이라는 단어가 '뷰티'의 대체 용어로 쓰이기 시작하면서, 이후 신문 방송에서 미용과 외모에 관심이 많은 젊은 남성과 20대 못지않게 자신을 꾸미는 중년 남성들을 그루밍족이라 부르기 시작했다.

내가 남자들을 위한 성형 정보 앱을 만들겠다고 마음먹었을 때, 다른 서비스명은 생각할 수가 없었다. 그루밍족이라는 신조어가 널리 퍼져 거의 일반 명사처럼 통용되면서 '그루밍족' 하면 누구나 자연스럽게 '아, 가꾸는 남자? 꾸미는 남자?'라고 받아들였기 때문이다.

그래서 처음 '남자도 가꾸는 시대야'라는 슬로건으로 '그루밍족'을 출시했을 때 서비스명에 부연 설명이 그다지 필요하지 않았다. 병원에 영업하러 가면 모두 서비스명만 듣고도 '남자 미용에 관련된 앱이구나' 단번에 이해했다. 그만큼 신규 서비스를 알리는 데 드는 시간과 돈을 줄일 수 있었다.

지금도 이 서비스명에 대단히 만족하고, 앱이 잘 되는 데는 이름이 중요하다고 생각한다. 이미 상표 등록도 해놓았기 때문에 대한민국에서 '그루밍족'이라는 상표를 쓸 수 있는 회사는 우리

밖에 없다.

'해주세요'의 이름에 대해서는 설명이 따로 필요할까? 심부름 대행 앱 중에서 이보다 더 좋은 이름이 있을까? 현재 시장에 출시되어 나와 있는 비슷한 기능과 이름의 앱들을 살펴보면, '해주세요'만큼 서비스의 핵심 내용을 잘 소개하는 이름이 없다.

'해주세요'가 성장하자 주변 친구와 지인들이 '혹시 대기업에서 너희 서비스 베껴서 경쟁 앱으로 치고 들어오면 어떡하니? 대비책은 있어?' 하고 우려할 때가 있다. 그때마다 나는 대답한다.

"다른 건 몰라도 우리 서비스명보다 더 좋은 서비스명은 못 지을 거야."

물론 서비스명뿐 아니라 모든 면에 자신이 있고, 그리고 이것을 쉽게 베낄 수 없을 거라는 사실도 잘 안다.

마찬가지로 앱에 붙는 슬로건 또는 서비스 설명도 짧으면 짧을수록 좋다. 앱스토어나 플레이스토어에 들어가면 앱마다 서비스에 대한 이해를 돕기 위해 간단한 설명이 달려 있는 것을 볼수 있다. 지금은 국민 앱이 된 카카오톡이 처음 출시됐을 때 '모바일 메신저'라는 설명을 달았고, 페이스북은 '소셜 네트워크'라는 설명을 달았다. '그루밍족'의 서비스 설명은 다섯 글자('남자 성형 앱'), '해주세요'는 여섯 글자('동네 심부름 앱')다.

앱을 사용하는 고객들은 당신의 가족도 친구도 아니다. 당신의 홍보에 귀 기울일 필요가 없는 사람이란 뜻이다. 지금 우리가 살아가는 세상은 얼마나 바쁘고 시끄러운가? 사람들은 자기 관심사와 상관없는 말은 차단하고 싶어 한다.

당신과 어떤 연고도 이해관계도 없는 잠재 고객들을 상대로 서비스를 알리고, 수많은 고객을 확보하려면, 서비스의 이름과 소개 문구는 간단명료할수록 좋다.

믿을 수 있는 플랫폼을 만들어라

나는 지금까지 총 4개의 성형 정보 앱을 만들었다. 첫 번째는 미국에 있는 유저를 LA 성형외과들과 매칭해주는 앱이었고, 한국에 와서 만든 두 번째는 영어권 유저에게 한국의 성형외과를 중개하는 '뷰티소셜'이었다. 세 번째는 '뷰티소셜'을 다국어 플랫폼으로 재탄생시킨 '제2의 뷰티소셜'이었다.

네 번째로 만든 성형 정보 앱이 '그루밍족'이다. 내가 '그루밍족'을 만든 이유는 바로 수요를 발견했기 때문이다.

성형과 시술에 관심 있는 사람들은 누구나 좋은 병원, 그리고 좋은 의사를 찾고 싶을 것이다. 나 역시 싱형 정보 앱을 운영하면서 가장 신경 쓰는 부분이 믿을 수 있는 좋은 병원을 선별하는 일이다.

병원을 입점시킬 때는 반드시 해당 병원을 방문해서 프론트 데스크부터 병원의 상담 실장님, 가능하면 원장님까지 직접 만나서 이야기를 나눠본다. 그분들과 대화를 나눠보면 병원의 위생 상태라든지 고객분들을 대하는 태도를 어느 정도 파악할 수 있다.

가장 중요한 것은 병원 원장님의 마인드다. 원장님이 그 병원을 운영하는 목적의 1순위가 이윤 창출인지, 고객들의 만족인지는 잠깐만 대화를 나눠봐도 느낌이 온다. 가끔은 '이 병원은 아니다' 싶은 곳도 있다.

2019년 한국에서 '뷰티소셜'을 운영할 때의 일이다. 피부 관리를 받고 싶어서 우리 앱에 입점한 피부과를 고객으로서 방문한 적이 있다. 당시 그곳에서는 할인 이벤트를 진행하고 있었다. 거기서 제시한 가격이 저렴해서 이벤트를 신청한 후 병원을 방문했다. 간단한 진료를 받은 뒤 상담이 진행되었다. 그런데 상담 직원이 부르는 가격이 이벤트에서 제시한 가격보다 2배 이상 비싼 것이 아닌가?

"저는 이벤트 가격을 보고 왔는데요."

"아, 그 이벤트는 3개월짜리 관리를 받는 분들을 위한 거고요. 고객님은 관리를 받으시는 데 6개월 정도 걸리기 때문에 비용이 그만큼 올라가는 겁니다."

그 말을 듣는 순간 너무나도 황당했다. 그러면 그 이벤트는 고객을 끌어모으기 위한 호객 행위에 불과했다는 말인가? 우리 앱을 통해서 고객들이 이 피부과를 방문할 텐데 이런 어처구니없는 상황에 직면하면 다들 얼마나 당황스러울까 걱정스러웠다.

애초에 이 사업을 시작할 때 나 자신과 약속한 것이 있었다. 그것은 고객들이 믿을 수 있는 플랫폼을 만들자는 것이었다. '이 앱에 입점한 병원은 믿을 수 있다'는 생각을 심어주려면 신중하게 병원을 선별해야 한다.

그날의 일을 계기로 병원 선별 기준을 더 강화했다. 그리고 고객들의 니즈를 정리해서 우리 앱에 입점한 병원들에 전달하고, 입점을 원하는 병원들이 우리 기준에 맞지 않을 때는 과감히 걸러냈다. 사실 열악한 환경에서 서비스를 운영하는 처지이기 때문에 병원 하나라도 더 입점시켜서 돈을 버는 것이 사업에 도움이 되겠지만, 이 사업을 시작하면서 나 자신과 했던 약속만큼은 저버리고 싶지 않았다.

지금도 그 신념에는 변함이 없다. 아무리 유명한 병원이라도 우리 기준에 맞지 않으면 입점시키지 않는다. 이름만 대면 알 만한 강남의 몇몇 병원도 같은 이유로 입점 신청을 거절했다. 이미 입점한 병원이라 하더라도 '그루밍족' 유저가 방문했을 때 불쾌한 경험을 했다면 1차로 내가 직접 병원에 연락해서 시정을 요구

한다. 물론 고객의 실명은 절대 공개하지 않는다. 이후에도 유사한 불만 제보가 계속해서 발생하고, 그 병원에서 시정하려는 노력을 보이지 않으면 과감하게 퇴점을 결정한다.

서비스 분야에 상관없이 허위·과장 광고를 잘 필터링해서, 알짜배기 정보를 얻을 수 있는 플랫폼으로 잘 가꿔나가면 고객 만족도는 더욱더 높아질 것이다.

피보팅을 염두에
두어라

—————————————— 피봇^{pivot}의 사전적 의미는 '물건
의 중심을 잡아주는 축'이다. 피보팅은 농구나 핸드볼 같은 스포
츠 경기에서 한쪽 다리를 축으로 땅에 고정하고, 다른 쪽 다리는
여러 방향으로 회전하면서 다음 움직임을 준비하는 동작을 의미
한다.

스타트업에서 피보팅은 사업의 방향성을 바꾸거나 서비스의
전략을 바꾸는 것을 말한다. 사업을 하다 보면 여러 요인으로 기
존에 만들었던 것이 잘 안 될 때가 많다. 그럴 때 전략과 방향을
살짝 바꾸면 새로운 서비스를 출시할 수 있다. 재미있는 것은 처
음 만들었던 것보다 피보팅을 통해 재탄생된 두 번째, 세 번째 서
비스가 더 잘되는 경우가 많다는 사실이다.

유튜브는 온라인 데이팅 영상 사이트로 시작했지만, 유저 반응
이 신통치 않자 개인들이 찍은 영상을 올리고 감상하는 사이트
로 방향을 바꾸었다.

트위터는 원래 팟캐스트 플랫폼이었다. 그런데 애플이 팟캐스트를 무료로 제공하자 짧은 메시지를 지인들에게 전달하는 서비스를 전면에 내세워 SNS의 대표주자가 되었다.

인스타그램은 처음엔 다양한 정보를 사진과 함께 공유하는 위치 기반 SNS였다. 그러나 유저들이 텍스트 공유에는 무관심하고 사진 공유에만 관심을 보이자 언제 어디서나 사진을 공유할 수 있는 이미지 기반 SNS로 전략을 바꾸어 성공을 거머쥐었다.

나 역시 유사한 경로를 걸었다. 폐업의 위기에서 벗어나려고 발버둥 치던 나를 구원한 것이 바로 피보팅이었다. 코로나19가 터진 후 유명무실해진 외국인 대상의 성형 플랫폼을 한국 남자를 위한 성형 플랫폼으로 리브랜딩했다. 기존의 플랫폼에 껍데기만 '그루밍족'으로 바꾼 것인데, 이것이 성공하면서 그야말로 구사일생으로 살아날 수 있었다.

실리콘밸리의 성공 신화를 보며 헛된 꿈을 꾸던 내게 카카오 이제범 대표님의 말씀, "첫 서비스는 망합니다"를 지금 스타트업을 시작하는 분들에게 다시금 되돌려주고 싶다.

물론 첫 번째 서비스가 잘된 사람이 전혀 없는 것은 아니다. 제프 베조스도 첫 번째 사업인 아마존을 성공시켰고, 일론 머스크도 첫 서비스인 Zip2가 잘되어 휴렛 팩커드에 매각했다. 빌 게이츠의 마이크로소프트도 첫 번째 제품이었다.

그러나 이런 경우는 정말 극소수다. 절대로 소수의 성공 사례를 보며 헛된 꿈을 꿔서는 안 된다. 성공한 1퍼센트를 바라보기보다는 실패한 99퍼센트의 사례를 학습하는 것이 득이 될 것이다. 똑같은 실패, 똑같은 시행착오만 하지 않아도 그만큼 돈과 시간을 절약할 수 있기 때문이다.

스타트업에서 피보팅은 크게 두 가지로 나뉜다. 실패 사례에서 경험만 건지고 완전히 새로 시작하느냐, 아니면 기존 시스템을 유지한 채 콘셉트만 바꾸느냐의 차이다. 전자는 서비스 기획과 개발, 디자인을 다시 해야 하므로 힘이 들지만, 후자는 처음부터 시작하는 것이 아니기 때문에 훨씬 쉽고 빠르게 좋은 결과물을 도출해낼 수 있다.

내가 미국에서 처음 만든 연애 상담 서비스처럼 콘셉트도 앱도 별로라면 그건 아예 버리는 게 낫다. 이럴 땐 그냥 경험만 얻고 새롭게 다시 시작하라. 그러나 '뷰티소셜'처럼 플랫폼은 괜찮은데 외국인을 대상으로 하는 전략이 시장 상황과 맞지 않다면 새로운 타깃 유저와 콘셉트를 정하는 방향으로 가야 한다.

그러려면 사고가 유연해야 한다. '나는 반드시 이 서비스를 성공시킬 거야. 이거면 무조건 다 돼'라는 경직된 생각은 도움이 되지 않는다. 첫 번째 서비스보다 두 번째, 세 번째 서비스가 나은 이유는 하나의 서비스를 기획하고 개발했던 경험이 귀중한 자산이기 때문이다.

새로운 서비스를 만들 때는 기획 단계부터 피보팅을 염두에 두어라. 그리고 서비스를 운영하다가 영 반응이 없고 안 되겠다는 한계를 느낄 때는 과감하게 멈춰 서라.

피보팅은 절대로 실패와 동의어가 아니다. 성공으로 나아가기 위해 반드시 밟아야 하는 디딤돌일 뿐이다.

경쟁하지 말고
독점하라

자본주의 사회에서 경쟁은 피할 수 없는 숙명처럼 느껴진다. 학교에서는 친구와 경쟁하고, 직장에서는 동료와 경쟁한다.

스타트업 세계의 경쟁은 더욱 치열하다. 매일같이 전투에 가까운 경쟁이 벌어지고, 경쟁에서 밀려난 스타트업은 소리 소문 없이 시장에서 사라진다.

경쟁이 때로는 발전의 원동력이 되기도 한다. 경쟁사와의 비교를 통해 자신의 서비스를 보다 객관적으로 바라볼 수 있게 되고, 부족한 점을 개선해 나갈 수 있기 때문이다. 그러나 그것 외에 경쟁이 우리에게 주는 것이 무엇이 있을까? 사실상 없다.

유사 서비스와 경쟁을 하면 우선 마케팅 비용이 엄청나게 들어간다. 대부분의 마케팅 비용은 우리 서비스가 다른 서비스보다 뛰어나다고 설득하기 위해 지출되는데, 그 비용이 회사에 큰 출혈을 가져오는 것이다. 치킨게임 같은 경쟁을 위한 경쟁은 수익성을 저해하여 모두에게 악영향을 끼친다.

가장 좋은 방안은 경쟁하지 않는 것이다. 구글을 보라. 검색 엔진 시장에서 경쟁사가 거의 없지 않은가. 아마존을 보라. 이커머스 시장에서 역시 경쟁사가 기의 없다. 구글과 아마존은 각자의 분야에서 '독점' 중인 것이다. 카카오톡도 국내에서만큼은 모바일 메신저 시장에서 경쟁자가 없다.

"경쟁하지 말고 독점하라."

실리콘밸리의 거물급 투자자 피터 틸이 《제로 투 원》에서 강조한 말이다. 그는 유사품을 만들어 뻔한 경쟁에 뛰어들지 말고 독점을 노려야 한다고 말한다. 창업 후 내가 걸어온 길을 반추하며 그의 말에 진심으로 동의한다.

'그루밍족'과 '해주세요'가 출시 후 빠르게 성장할 수 있었던 이유는 경쟁사가 없었기 때문이다. 현재 우리나라에 젊은 남성을 대상으로 하는 성형 정보 앱은 '그루밍족'이 유일하다. 물론 여성 성형 정보 앱을 사용하는 남성 유저도 없진 않겠지만, 일단 남성 성형 시장에서는 경쟁사가 없다고 보는 게 맞을 것이다.

"'해주세요'는 경쟁사가 있잖아요?"라고 의문을 제기하는 사람도 있을 것이다. '경쟁사'라고 부를 수 있을지는 모르겠지만,

내가 '해주세요'를 출시하기 전에 시장에는 분명히 수십 개의 심부름 대행 앱이 있었다.

그 앱들을 모두 직접 사용하고, 리뷰와 평점을 훑어보았다. 각 앱의 서비스 기획과 품질, 사용성이 내 기준에서 볼 때는 수준 이하였다. 앱스토어에 올라온 리뷰를 보더라도 그 앱들에 대한 부정적인 평가가 꽤 많다는 것을 알 수 있다. 그래서 난 애당초 그 앱들을 경쟁 상대로 보지 않았다.

이 앱들의 문제는 무엇일까? 아이디어는 좋았을 수 있으나 결국 결과물이 유저들의 기대에 못 미친 것이다. '아이디어는 1퍼센트, 실행이 99퍼센트'라는 말처럼, 아무리 아이디어가 좋아도 실행력이 받쳐주지 못하면 좋은 서비스가 나올 수 없다.

심부름에 대한 수요는 높은데, 제대로 된 플레이어가 없는 상황을 기회로 보았다. 그래서 심부름 시장에 도전장을 냈다. 지금 '해주세요'는 심부름 시장에서 이미 독보적인 입지를 점했다. 나는 여기에 안주하지 않고 최근 '전문가 매칭' 기능을 도입하여 재능 공유 플랫폼 시장에 새로운 도전장을 내밀었다.

경쟁하지 않고 독점하기 위해서는 먼저 그 시장에 어떤 플레이어가 존재하는지, 어떤 경쟁사가 있는지를 파악해야 한다.

내가 음식 배달 앱을 만들었다면 어땠을까? 보나 마나 백전백

패였을 것이다. 배달의민족, 쿠팡이츠, 요기요 등이 이미 음식 배달 시장을 꽉 잡고 있지 않은가. 그리고 이 앱들은 사용성 또한 뛰어나다.

이커머스를 했어도 역시 백전백패했을 것이다. 쿠팡이 있고, 티켓몬스터가 있고, 11번가가 있지 않은가? 모바일 메신저를 만든다 해도 답은 마찬가지다. 카카오톡이 있다.

진출하려는 시장에 이미 강력한 경쟁사가 있다는 걸 뻔히 알면서도 그 시장에 진입하는 스타트업들을 보면 정말 이해할 수 없다. 자신이 하면 뭔가 다를 거라는 희망을 안고 일단 질러보는 것이다.

아무리 돈이 많아도 선점한 경쟁사 중심으로 형성된 시장을 뒤집기는 쉽지 않다. 생각해보라. 온 국민이 카카오톡을 쓰고 있는데 새로운 메신저가 나왔다고 해서 그리 옮겨갈 사람이 과연 얼마나 될까? 카카오톡이 망하기 전까지는 불가능한 일이다.

물론 쿠팡이츠처럼 배달의민족과 요기요가 이미 선점한 음식 배달 시장에 후발 주자로 신입하여 유의미한 성과를 내는 서비스도 간혹 있다. 그러나 기억하자. 쿠팡이츠를 만든 곳은 막대한 자본금을 보유한 대기업 쿠팡이다.

'해주세요' 출시 당시 한창 운영 중이던 심부름 대행 앱들이 지금 하나둘 문을 닫는 상황이다. 오히려 그 경쟁사들에 투자했던 투자자들이 지금은 나에게 연락을 한다.

지금 당장은 '해주세요'가 독점자라고 말할 수는 없지만, 머지 않은 장래에 이 시장에서는 독점자가 될 것이라고 확신한다.

버티컬이 없는
시장을 공략하라

———————————————— 내가 '해주세요'를 시작했던 이유 중 하나는 '그루밍족'을 운영하면서 아쉬움과 갈증을 느꼈기 때문이다.

사실 남성 성형 시장은 니치마켓$^{niche\ market}$이다. 아무리 열심히 해도 틈새시장의 한계는 분명했다. 5,000만 국민 중에 '그루밍족'이라는 앱이 필요한 사람이 과연 몇 명이나 될까? 모든 역량을 다해 최대한 성장한다 해도 몇십만 명 선을 넘어서지는 못할 것이다.

그래서 생각한 것이 버티컬^{vertical}이 없는 시장이었다. 버티컬 시장이 특정한 관심사를 가진 고객층을 공략한다면, 버티컬이 없는 시장은 어린아이부터 할머니 할아버지까지, 서울에서 제주도까지, 고객 확장에 한계가 없다.

카카오톡이 대표적이다. 스마트폰을 가진 사람이라면 남녀노소 누구나 손쉽게 사용할 수 있다. 잘만 운영하면 모든 스마트폰 유저가 사용하는 서비스가 될 수 있다.

물론 말처럼 쉬운 일은 아니다. 버티컬이 없는 시장에 어떤 페인 포인트가 있는지 제대로 분석해야 하고, 내 서비스에서 그 페인 포인트를 어떻게 해결할 것인지에 대해 깊이 고민해야 한다.

나는 버티컬이 없는 서비스를 구상하는 과정에서 심부름 서비스에 주목하게 되었다. 코로나19로 사람들의 동선이 축소되고, 1인 가구가 늘어나면서 지역 내 다양한 심부름을 연계해주는 플랫폼의 필요성이 커지는 시점이었다.

무언가 급하게 도움이 필요한 사람들과 N잡을 뛰고 싶은 사람들, 코로나19로 직장을 잃은 사람들을 연결해주는 플랫폼이라면 이 시장의 페인 포인트도 명확하게 해결할 수 있겠다는 생각이 들었다. 수요와 공급이 기가 막히게 맞아떨어지는 시장이 바로 심부름 대행 시장인 것이었다.

'해주세요'는 이웃 간에 도움이 필요한 사람들은 소정의 심부름비를 지불하고 주변 헬퍼들에게 도움을 받을 수 있고, 헬퍼들은 자신이 원할 때 원하는 만큼 일을 할 수 있기 때문에 수요와 공급이 딱 맞아떨어져 빠르게 성장할 수 있었다.

20대 대학생의 목소리에
귀 기울여라

────────────── 20대 대학생들이 주는 짧은 발
언에서 날카로운 통찰을 발견하곤 한다.

대학 시절은 인생에서 두려울 게 없고 가장 자신감이 넘치는
시기다. 졸업 후 직장에 들어가서 세상의 쓴맛을 보면 뾰족뾰족
튀어나왔던 면들이 닳아서 둥글둥글해질지 모르지만, 대학 시절
만큼은 남의 눈치를 보느라 자신의 솔직한 마음을 숨길 필요가
별로 없다.

30~40대의 직장인과 이야기를 나눠보면 상대적으로 생각이
유연하지 않고 고정되어 있음을 느낀다. 이들도 한때는 패기 넘
치는 학생이었을 텐데, 오랜 직장 생활에 젊은 날의 창의력과 상
상력이 마모된 것이 아닌가 하는 안타까움이 들 때가 많다.

사실 '그루밍족'과 '해주세요'는 20대 초중반의 대학생들과 대
화하며 기획의 씨앗을 얻은 앱이다. 대학생 인턴 면접에서 만난
한 학생이 '그루밍족'의 아이디어를 냈다는 이야기는 앞에서도

이야기한 바 있다.

'해주세요'도 마찬가지다. '그루밍족'을 운영할 때 파트타임 아르바이트생을 채용한 적이 있었다. 지방에서 올라와 혼자 자취를 하는 대학생이었다. 어느 날 이런저런 이야기를 하던 중에, 그 친구가 문득 이런 말을 했다.

"저는 서울에 올라와 자취하다 보니까 다른 사람의 도움이 필요할 때가 많더라고요.

음식도 시켜 먹어야 하고, 빨래도 누가 대신해 줬으면 좋겠고… 아침에 지각하지 않으려고 정신없이 뛰어나오다 보면 문을 제대로 잠갔는지 걱정스러울 때가 많은데, 그럴 때 저렴한 비용으로 필요한 일을 처리해주는 앱이 하나 있으면 정말 좋을 것 같아요."

그 대학생의 이야기를 듣고 심부름 대행 앱의 성공을 더욱 확신했고, 기획을 정교하게 다듬을 수 있었다. 그들의 독창적이고 신선한 아이디어와 나의 경험과 실행력이 만나 시너지 효과를 낸 것이다.

스타트업 창업자들이 20대 대학생들의 목소리에 귀 기울이기를 바란다. 기성세대에게는 기대하기 힘든 발칙한 상상력과 상식을 뛰어넘는 창의력에 깜짝깜짝 놀랄 때가 많다. 물론 세상 경험이 부족해서 미숙한 면도 있지만, 창업자들의 노련함과 전문성으로 얼마든지 보완할 수 있다.

주변의 스타트업 하시는 분들이 가끔 나한데 이런 질문을 한다.

"조 대표는 대체 어디서 이런 아이디어를 얻어요?"

"20대 대학생들하고 대화할 기회를 자주 만드세요. 그 친구들에게 질문을 던지고 이야기를 나누다 보면 좋은 아이디어를 많이 얻게 됩니다."

그러면 그분들은 이렇게 대답한다.

"그렇지 않아도 자주 대화해요. 우리 직원 중에도 20대가 많거든요."

그건 아니다. 똑같은 20대라도 회사 직원들에게서는 객관적인 의견이 나오기 힘들 때가 많다. 직원에게 대표는 참으로 다가가기 어려운 존재이며, 월급을 받는 사람으로서 대표의 의견에 토를 달거나 부정적인 의견을 드러내기가 쉽지 않다.

정 20대 대학생들과 만날 기회가 없다면 아르바이트생이나 인턴을 뽑아서 구상하고 있는 서비스에 관해 질문해보라. 그들이 '별로'라고 한다면 당신이 구상하고 있는 그 서비스는 진짜 '별로'일 가능성이 크다.

될성부른 서비스는
떡잎부터 다르다

──────────── 2021년 6월, '해주세요' 정식 출시를 며칠 앞두고 베타 서비스를 오픈했다. 누구에게도 예고하지 않고 몰래 앱스토어와 플레이스토어에 앱을 올렸는데 놀라운 일이 벌어졌다. 아침에 출근하는 길에 확인해보니 몇몇 고객이 '해주세요'를 통해 심부름을 요청한 것이다.

심부름 요청을 확인하고서 깜짝 놀랐다. 알고리즘을 타고 유튜브 영상을 본다는 말은 들어봤지만, 단순 테스트를 위해 올린 앱을 어떻게 알고 심부름 요청을 했는지 아무리 생각해도 알 수가 없었다.

'누구지? 아니, 그럴 사람이 없는데? 누구지?'

한동안 고개를 갸웃거리다가 출근길에 아르바이트생에게 전화를 걸었다.

"혹시 오늘 새벽에 '해주세요'에서 심부름 요청하셨어요?"

"아니요, 어제 테스트 이후로는 한 적 없어요."

"아, 그럼 누가 했지? 심부름 요청할 때 선결제도 했는데…"

"정식 출시도 안 된 앱에 들어와 심부름을 요청하다니 '해주세요'가 잘될 모양이네요."

우리는 함께 웃으며 통화를 마무리 지었다. 그 고객들이 어떻게 우리 앱을 알고 심부름 요청을 했는지는 모르지만, 심부름을 시키려는 수요가 분명히 존재함을 확인했다는 점에서 정식 출시를 앞둔 '해주세요'에는 대단히 좋은 징조였다.

될성부른 서비스의 첫 번째 특징은 이처럼 자연 유입 고객이 많다는 것이다. 굳이 누가 추천을 하지 않아도 앱스토어나 플레이스토어 검색을 통해 자연스럽게 앱을 알게 되고 사용하는 것이다.

두 번째 특징은 시장에 내놓는 순간 빠르게 입소문이 난다는 점이다. 신기한 것, 재밌는 것, 편리한 것이 생기면 가족이나 친구, 가까운 지인들에게 알리고 싶어 하는 인간의 본성 때문이다. SNS나 실생활에서 그 서비스를 언급하는 사람들이 많아지면 유저 수도 그만큼 늘어난다.

카카오톡이 그랬다. 우리는 휴대폰을 바꾸면 제일 먼저 카카오톡을 설치하지만, 카카오톡을 어떻게 처음 접하고 사용하게 되었는지는 기억이 또렷하지 않다. 왜 그럴까? 누군가의 추천을 받았거나, 원만한 인간관계를 유지하기 위해 가장 대중적인 메신저 앱을 찾다가 얼떨결에 유저가 되었기 때문이다.

나는 고객 응대를 할 때 종종 이런 질문을 던진다.

"저희 서비스를 어떻게 알게 되셨어요?"

처음에는 광고를 보고 알게 됐다는 고객들이 더러 있었지만, 언제부턴가 '친구가 알려줘서 알게 됐다'든가 '어디서 들은 것 같은데 정확하게 생각나진 않는다' '인터넷 검색하다가 우연히 알게 되었다'는 답변이 점점 많아지고 있다. 그만큼 많은 유저가 입소문을 통해 '해주세요'를 처음 접한다는 뜻이다.

될성부른 서비스의 세 번째 특징은 고객들의 수정 요청이 매우 많다는 것이다. 이렇게 바꿔달라, 저렇게 바꿔달라, 이걸 삭제해달라, 저걸 추가해달라⋯ 다양한 의견이 고객 문의를 통해 물밀듯이 밀려 들어온다.

마지막 네 번째 특징은 사업 초기부터 대기업들의 인수 제안이 들어온다는 것이다. 좋은 서비스는 대기업들이 예의주시하고 있다고 생각하면 틀림이 없다.

나는 '해주세요' 서비스를 출시하고 정확히 한 달 뒤에 모 IT 대기업으로부터 인수 제안을 받았다. 물론 나는 매각에 전혀 관심이 없기 때문에 거절했지만, '될성부른 서비스'는 이렇게 초기부터 인수 제안이 온다. '떡잎'만 봐도 잘되는 서비스인지 아닌지 알 수 있기 때문이다.

카카오톡이나 쿠팡, 배달의민족 같은 앱을 보라. 처음부터 될성부르고 떡잎부터 남다르지 않았던가. 될성부른 서비스는 떡잎부터 다른 법이다.

마케팅 조언, 해주세요

좋은 서비스를 만들었다면
투자하라

────────────── 지금까지 나는 '최대한 직원을 보수적으로 채용하라' '프리랜서를 활용해라' '대표 혼자서도 할 수 있다' 등 짠 내 나는 이야기를 주로 했다. 스타트업이 자금을 아끼고 모아야 하는 이유는 단 하나, 꼭 필요할 때 자금을 마음껏 투입하기 위해서이다.

그런데 이렇게 경비를 아끼다 보면 매너리즘에 빠지곤 한다. 회사가 망하지 않고 그럭저럭 유지되니까 거기에 안주해버리는 것이다. 그러나 망하지 않으려고 스타트업을 시작한 것은 아니지 않은가? 만일 성장세 없이 현상 유지만 한다면 그 스타트업은 죽은 거나 마찬가지다. 더는 존재할 가치가 없다. 스타트업의 존재 이유는 '스타트(출발)'가 아닌 '업(성장)'에 있다.

스다트업은 소상공인이 아니다. 매달 일정한 수익이 들어오고 회사가 유지되는 데 만족해서는 절대 안 된다.

서비스의 품질이 어느 정도 입증되었다면 그다음부터는 유저 유입을 위해 마케팅을 집행해야 한다. 새로운 제품과 서비스는 직접 나서서 알리지 않으면 아무도 모른다. 막대한 자금을 투입해서 공격적으로 마케팅을 해야 한다.

혹자는 이런 의문이 들기도 할 것이다.

'좋은 서비스는 굳이 큰돈 들여 마케팅하지 않더라도 저절로 알려지지 않을까요?'

현실은 전혀 그렇지 않다. 마케팅이 되고 있는 서비스가 하늘의 별처럼 많은 이 시끄러운 세상에, 옛날처럼 입소문만으로 유저가 대거 유입되는 꿈같은 일이 벌어질 거라고 믿는 것 자체가 너무 순진하다. 입소문도 최초의 스피커가 있어야 발생한다.

다행스럽게도 자발적으로 들어오는 유저들이 하루에 몇십, 몇백 명씩 있다고 하자. 당신은 거기에 만족할 것인가? 그런 성장은 모든 스타트업이 갈구하는 수준의 성장이 아니다. 적어도, 지금보다 10배, 100배 뛰어올라야 '업'했다고 말할 수 있는 것 아닐까?

그런데 스타트업의 진정한 성장을 위해 필수 요소인 마케팅이 스타트업 대표들에게는 또 하나의 벽으로 작용한다. 무지한 상태로 움직였다가는 별 효과도 보지 못하고 자금이 순식간에 소진

될 수 있기 때문이다.

스타트업 대표는 회사를 시작할 때부터 자신의 서비스를 어떻게 알려나갈지 끊임없이 고민해야 한다. 동시에 언론 관리는 어떻게 할지, 보도자료는 어떻게 만들고 어떤 식으로 배포할지 다른 스타트업의 사례를 살펴보고 자기 사정에 맞게 적용해서 마케팅 전략을 철저히 수립해야 한다.

어떤 스타트업은 질 좋은 서비스를 만들었음에도 적절한 마케팅 전략을 찾지 못해 도태되는 반면에, 어떤 스타트업은 서비스의 품질은 신경 쓰지 않고 처음부터 마케팅에만 올인해서 실패한다. 대표가 사업에 대한 전체적인 구상과 전략 없이 자신의 성향과 상황에 휩쓸린 탓이다.

성공하는 스타트업이 되기 위해서는 두 단계가 모두 완벽해야 한다. 1단계에서 자금을 아끼고 아껴서 고객의 마음에 드는 좋은 서비스를 만들었다면, 2단계에서는 적절한 마케팅으로 신속하게 서비스를 알려야 한다.

언론을
활용하라

──────────── '해주세요'는 출시된 지 반년 뒤
인 2021년 12월 처음 언론에 노출되었다. 이때 느낀 점이, 생각
보다 언론의 힘이 크다는 것이었다.

언론에 보도된 직후 유입되는 유저의 증가세가 가히 폭발적이
었다. 물론 모든 기사가 동일한 영향력을 가진 건 아니다. 인지
도가 높은 신문사의 기사일수록 구독자가 많고 사회적 영향력이
크다.

일례로 유력 언론인 D사의 기사는 발행 당일에만 약 1만 명의
신규 유저를 발생시켰다. 평소의 유저 유입량의 2배가 넘는 수치
였다.

몇 주 뒤에는 유력 경제지 H에 '해주세요' 헬퍼가 월 500만 원
을 벌었다는 내용의 기사가 실렸다. 그 기사는 네이버의 신문보
기 섹션 메인에 걸렸는데, 그날 하루에만 1일 평균 유저 유입량
의 5배가 들어왔다. 나로서는 상상도 할 수 없었던 숫자였다.

유저가 얼마나 많이 들어왔던지 우리 서버가 4시간 정도 다운 되기도 했다. 불편을 겪은 유저들에게 어마어마한 항의를 받았지만, 동시에 지인들의 축하 전화와 문자를 받느라 천국과 지옥을 오가는 하루를 보냈다. 한번 언론에 노출되니 다른 언론사에서도 연락이 오기 시작했다.

그러나 보도자료만 배포하면 언론이 알아서 기사화해줄 거라는 생각은 버리는 게 좋다. 기자들은 흥미롭지 않은 내용은 절대로 기사화하지 않는다.

그렇다면 기자들의 관점에서 볼 때 과연 흥미로운 내용이란 무엇일까?

(1) 새로운 사실, 혹은 새로운 시각으로 재조명된 사실

사회적 거리두기의 장기화, 1인 가구 증가, 고용 불안정성으로 심부름 앱이 뜨고 있다는 사실은 상식이 되었기에 뉴스로서 매력이 없다. 하지만 '해주세요' 헬퍼가 월 최고 500만 원까지 번다는 사실은 흥미로운 기삿거리가 될 수 있다.

같은 사실이라도 구체적인 '숫자'를 밝히며 논문, 통계 등 증명 가능한 자료를 근거로 든 내용일 때 기자들은 가치가 있다고 판단한다.

(2) 시의적절한 내용

똑같이 심부름 대행 앱의 성장을 다루는 보도자료라 할지라도, 사회의 변화에 따른 새로운 트렌드의 대두라는 측면에서 설명한다면 눈길을 끌 수 있다.

'해주세요'의 성장은 포스트 코로나19 시대 일자리 문화의 변화와 관련이 깊다. 나는 보도자료에 기업들이 정규직 채용보다는 특정 프로젝트나 업무별로 임시직 형태의 고용을 늘리는 긱이코노미 현상이 확산된 현실을 언급함으로써 트렌드 변화에 민감한 기자들에게 주목받았다.

(3) 우리 생활에 큰 변화를 예고하는 내용

팬데믹과 사회적 거리두기 기간이 늘면서 우리 삶의 풍경도 많이 달라졌다. 외출을 자제하면서 가족 단위의 외식문화는 배달 문화로 바뀌었고, 유튜브나 넷플릭스가 영화관을 대체하고 있다. 대부분의 거래는 비대면으로 이루어지고, 도움이 필요한 사람들은 이웃이나 친구, 지인을 부르는 대신 각종 대행 앱을 이용하게 되었다. 바로 이러한 변화가 '해주세요'의 급속 성장을 가져왔다.

이처럼 우리 생활에 미치는 영향이 큰 내용이라면 기자들도 관심 있게 취재하고, 독자들도 몰입해서 읽게 된다.

기자들의 흥미를 끄는 데 성공해서 영향력이 큰 언론에 기사화되면 그 마케팅 효과는 상상을 초월한다. '해주세요'의 경우 D지와 H시에 기사화됨으로써 유저 유입이 폭발적으로 늘어났고, 이는 바로 매출 증대로 이어졌다. 큰 마케팅 비용도 들이지 않고 두 언론사의 기사를 통해 엄청난 경제 효과를 거둔 것이다.

'해주세요'는 유저 1명을 유입시키기 위해 약 1,000원이 든다. 그런데 두 번의 언론 노출로 인해 며칠 만에 5만 명이 넘는 유저가 추가 가입했고, 이는 약 5,000만 원이 넘는 경제적 이익으로 계산이 된다.

한 가지 주의할 점은 언론 노출 후 유저 유입이 폭증할 것에 대비해서 서버 사양을 높이는 등 사전에 철저한 대비를 해두어야 한다는 것이다. 그러지 않으면 서버가 다운되어 유저들의 불만이 쏟아지게 된다.

기자와 대중이 충분히 공감하고 관심을 가질 만한 주제를 잡고 언론 홍보 전략을 짜야 한다. '해주세요'는 사회적 거리두기의 장기화, 1인 가구 증가, 긱이코노미의 부상이라는 시대 흐름과 부합하는 서비스이기 때문에 언론 노출이 비교적 쉬웠고 좋은 반응을 얻었지만, 사실 대부분의 스타트업에게는 언론 홍보가 생각처럼 쉽지 않을 것이다.

기사화되기도 어려울 뿐 아니라, 설령 기자들이 기사를 써준다고 하더라도 자칫 광고성 기사로 오인되어 외면받는 일이 벌어질 수도 있다.

이런 점들을 충분히 감안하고 시대의 흐름에 맞는 서비스를 출시한다면 새로운 뉴스거리에 목마른 언론사에서 먼저 발견하고 인터뷰를 요청할 것이다.

유의미한 데이터에
집중하라

———————————— 서비스 출시 초반에는 사실 많은 데이터를 볼 필요는 없다. 데이터가 중요하지 않다는 의미가 아니다. 너무 세밀하게 데이터를 분석하려 든다거나, 지나치게 데이터에 의존할 필요는 없다는 뜻이다. 어차피 초반에는 표본 자체도 적을뿐더러 유의미한 유저 수도 많지 않기 때문에 데이터의 정확도를 믿을 수 없다.

유저 유입이 많지 않은 초반에는 유의미한 데이터에만 집중하라. 내 경험에 의하면 다음의 몇 가지 데이터만 간단하게 확인하면 된다.

(1) 신규 가입자 수

하루에 몇 명이 새로 가입하는지 살펴보라. 일일 신규 가입자 수는 마케팅 효율을 따질 수 있는 척도가 되기 때문에 서비스 운영에 있어 대단히 중요하다.

(2) DAU

신규 가입자와 기존 가입자를 통틀어 하루에 몇 명의 유저가 서비스를 사용하는지 살펴보라. 업계 용어로 DAU^{daily active user}라고 부르는 일일 신규 가입자 수가 제자리걸음이라면 서비스 어딘가에 문제가 있는 것이다.

(3) MAU

MAU^{monthly active user}는 월간 활동 유저 수로, 한 달 동안 몇 명의 사람들이 우리 서비스에 들어왔는지를 보여주는 지표다. MAU 역시 매달 점점 늘어나는 추세여야 안전하다.

(4) 재방문율

유저의 재방문 지표도 중요하다. 유저들이 1일, 3일, 7일, 30일 뒤에도 우리 서비스를 찾는지 체크하라. 재방문을 하지 않는다면 DAU와 MAU가 늘지 않을 것이다. 이는 자칫 밑 빠진 독에 물 붓기가 될 수 있다는 경고 표시이니 현재 진행 중인 마케팅을 중단하고 서비스에 어떤 문제점들이 있는지 객관적으로 살펴야 한다.

(5) 매출

이미 수익이 발생하는 서비스라면 매출도 주기적으로 살펴봐야 한다. 매출은 일 매출과 월 매출 정도만 챙기면 된다. 하루하루의 매출에 일희일비하다 보면 자칫 거시적인 관점을 잃을 수 있으니 주의해야 한다.

이 다섯 가지는 온라인 서비스를 하는 스타트업 대표가 매일 꼼꼼히 살펴봐야 할 유의미한 데이터다. 서비스를 출시한 지 얼마 안 됐을 때는 이 다섯 가지 데이터만 집중해서 봐도 큰 문제가 없다.

내가 이 이야기를 강조하는 이유는, 예전에 성형 정보 앱을 운영할 때 범했던 어처구니없는 실수 때문이다. 당시 내 주변에 데이터의 중요성을 강조하는 사람이 워낙 많았기 때문에 나는 일찌감치 데이터 분석가를 채용했다.

문제는 너무 일찍 뽑았다는 것이다. 아직 서비스가 개발도 안된 기획 단계에서 데이터 분석가를 뽑아놓았으니 이 사람이 무슨 일을 할 수 있겠는가? 그 데이터 분석가는 서비스가 출시될 때까지 분석할 데이터가 없어서 하는 일 없이 자리를 지킬 수밖에 없었다.

물론 나중에 서비스가 잘되어 유저 수가 최소 10만 명 이상이 되면 당연히 더 많은 데이터를 꼼꼼하게 들여다봐야 한다. 예를 들어 유저들이 몇 분 동안 우리 서비스에 머무는지, 하루에 몇 번이나 재방문하는지, 혹은 월 단위로 우리 서비스에 얼마나 자주 방문하는지 등 반드시 확보해서 분석해야 할 데이터들이 있다.

온라인 서비스에서 재방문율은 정말 중요한 지표다. 한번 떠난 유저는 쉽사리 돌아오지 않는다. 돌아오지 않는 유저는 의미가 없다. 재방문하지 않는 구체적인 이유는 알 수 없지만, 서비스에 대해 가치를 못 느꼈거나, 뭔가 실망을 했기 때문에 이탈한 것이다.

우리에게 중요한 사람들은 나갔다가도 다시 돌아오는 유저, 더 자주 더 많이 돌아오는 유저다.

앞서 신규 가입자가 중요하다고 말했다. DAU를 늘리려면 처음 가입한 사람들이 그만큼 자주 돌아와야 하고, MAU를 늘리려면 처음 가입한 사람들이 그만큼 자주 돌아와야 한다. '자주 돌아온다'는 건 그 서비스에 대한 확실한 수요가 존재한다는 뜻이다.

내 서비스의
전도사가 되어라

──────────────── 자신이 만든 서비스가 많은 사람
에게 필요하다는 확신이 있다면 대표는 그 서비스의 전도사가 되
어야 한다. 유튜브나 인스타그램, 페이스북, 트위터 등의 SNS 채
널을 통해 수단과 방법을 가리지 않고 당신의 서비스를 홍보해
야 한다.

대표가 SNS 홍보를 잘하면 그만큼 마케팅 비용을 아낄 수 있
다. 일론 머스크가 경영하는 테슬라의 미국 본사에는 PR팀이 없
다고 한다. 마케팅 예산도 거의 없다. CEO인 일론 머스크가 언
론을 기가 막히게 잘 활용하기 때문일 것이다.

현대가 제네시스를 팔기 위해 마케팅 비용으로 쓰는 돈이 1대
당 약 250만 원이라고 한다. 포드나 닛산, 토요타 등 세계 유수의
자동차 업체들의 상황도 크게 다르지 않다. 그만큼 기업의 자금
출혈이 많은 분야가 마케팅인데, 일론 머스크는 스스로 걸어 다
니는 광고판이 됨으로써 마케팅 비용을 대폭 절감했다.

물론 일론 머스크가 언론에 의해 지나치게 영웅시되고 미화되었다는 사실은 기억해야 한다. 그의 어두운 면도 분명 존재한다. 하지만 그가 마케팅에 대한 기존의 패러다임을 깨부순 것에 대해서만큼 주목할 가치가 있다.

현재 일론 머스크의 트위터 팔로워는 7,000만 명을 넘어섰다. 세계적인 대기업들이 마케팅 예산으로 매년 수조 원을 쏟아붓는 반면에, 일론 머스크는 SNS 활동만으로 전 세계 언론을 휘어잡은 것이다. 그는 마케팅에서 아낀 비용을 새로운 연구 개발 프로젝트에 투자한다. 우리가 일론 머스크에게 배워야 할 것은 바로 이런 사업 운영 방식이다.

"일론 머스크와 우리 같은 작은 회사의 대표를 비교하는 것 자체가 무리 아닙니까? 새로운 서비스를 기획하고 개발하는 데 집중하기도 바쁜데 SNS 할 시간이 있나요?"

이렇게 반문하는 대표들도 물론 있다. 그렇다. 우리는 정말 바쁘다. 그러나 어쩌겠는가? 아무리 잘 만든 서비스라도 아무도 알아주지 않는다면 무용지물 아닌가? 지인들과 카카오톡을 주고받는 정도의 시간과 정성만 투자해도 얼마든지 SNS 홍보를 할 수 있다.

의지만 있다면 유튜브도 할 수 있다. 거창한 장비 따윈 없어도 된다. 스마트폰으로 틈틈이 홍보 영상을 찍어서 유튜브에 업로드하면 된다.

"에이 뭘 그렇게까지… 내가 직접 나서서 홍보하고 싶지는 않아. 안 내켜."

자신이 만든 서비스를 직접 고객들에게 추천할 자신이 없다면 문제가 있는 것이다. 상식적으로 생각해보라. 그렇게 좋은 서비스라면 동네방네 알리는 게 맞지 않는가? 가족은 물론 친구, 선후배, 이웃에게도 모두 알려서 사용을 권해야 한다.

물론 왠지 부끄럽고 주저되는 마음은 잘 안다. 특히 유튜브 영상을 찍을 때는 내 얼굴을 공개한다는 것이 상당히 부담스럽다. 카메라 앞에 섰던 첫날, 눈앞이 하얘지고 아무 생각도 떠오르지 않았던 기억이 지금도 생생하다. 처음엔 누구나 다 어색하고 두렵다. 하지만 그 정도의 자신감과 확신은 챙기고서 스타트업을 해야 하는 것 아닌가?

스타트업 대표가 자신이 만든 서비스의 전도사가 되어 SNS에서 홍보를 시작하면 주변 사람들이 알아서 피드백을 해준다. 댓글로 유저들의 반응도 파악할 수 있다. 내가 모르는 누군가가 이

야기하는 것을 듣다 보면 제3자의 관점에서 내가 만든 서비스를
바라볼 수 있게 된다. 그 과정을 통해, 유저들의 반응을 분석하고
종합해서 서비스를 업데이트하는 선순환 구조를 구축할 수 있다.

매출 vs.
유저 수

──────────── 매출이 먼저인가, 유저 수가 먼
저인가? 스타트업을 하다 보면 이런 고민에 빠질 때가 있다.

매출이 거의 없는 서비스를 운영하는데도 기업 가치가 굉장히
높은 기업이 있다. 매출이 크지 않음에도 기업 가치가 현재 3조
원이 넘는 당근마켓이 대표주자다. 매출로만 따진다면 다소 이해
하기 힘든 기업 가치다.

어떻게 이런 결과가 나오는 것일까? 유저들이 당근마켓에 머
무는 시간이나 재방문율 등의 서비스 지표들이 좋기 때문에 겉
으로 드러난 매출이 별로 없음에도 불구하고 투자자들이 평가하
는 기업 가치가 높은 것이다. 나중에 충성도 높은 유저들을 활용
해서 얼마든지 수익을 올릴 수 있다고 보기 때문이다.

그러나 이는 지극히 예외적인 사례이고, 대부분은 그렇지 못
하다. 매출이 별로 없어도 유저 수만 가지고 사업을 할 수 있다는
건 현실과 먼 꿈이다.

10년 전, 스마트폰이 처음 나왔을 당시에는 모바일 앱이 많지 않았기 때문에 조금만 매력 있는 앱이 출시되면 유저들이 벌떼처럼 몰려들어 다운로드하곤 했다.

그러나 지금은 상황이 전혀 다르다. 하루에도 수많은 앱이 우후죽순 생겨나다 보니 그 많은 앱들 사이에서 내 앱을 알리기조차도 쉽지 않다. 힘 안 들이고 대박 나기는 더욱 힘들다.

현대인의 생필품인 스마트폰의 첫 번째, 두 번째, 세 번째 화면은 이미 수많은 앱으로 가득 차 있다. 그중에 카카오톡, 쿠팡, 유튜브가 있을 것이다. 사람들은 오늘도 그 수많은 앱 사이를 파고들어 내 자리를 만들고, 유저들의 일상에 스며들겠다는 포부를 안고 스타트업을 창업한다.

당근마켓처럼 서비스 지표가 압도적으로 잘 나오지 않는 이상, 반드시 매출에 신경을 써야 한다. 당장 보유한 자금이 많고 몇 년은 끄떡없이 버틸 수 있다면 매출에 신경 쓰지 않아도 괜찮다. 하지만 그런 사람은 애초에 이 책을 덮었을 것이다.

카카오톡처럼 3년 이상 끊임없이 투자하고 유저 수를 모아서 나중에 게임이나 커머스, 모빌리티로 수익화시키겠다는 환상은 이제 통하지 않는다. 거의 불가능한 꿈이라고 보면 된다. 매출이 거의 없는데도 유저 수를 모아 성공한 사례는 어쩌면 당근마켓이 마지막일지도 모른다.

새로운 서비스로 성공하고 싶다면 이 서비스로 어떻게 수익 모델을 마련할 것인지, 스타트업 대표의 깊은 고민이 선행되어야 한다. 확실한 수익 모델이 서 있다면 비록 지금은 유저가 많지 않고 매출이 많지 않아도 어느 정도 버틸 수 있다. 희망이 있기 때문이다. 똑같은 적자라 해도 매출이 나는 상태에서 적자가 나는 것과 매출이 제로인 상태에서 적자가 나는 것은 완전히 다르다. 매출 없이 적자만 계속된다면 망하는 건 시간문제다.

물론 그렇다고 해서 유저 수는 당분간 제쳐두고 매출에 더 신경 써야 한다고 단언할 수는 없다. 지금 시중에는 워낙 많은 앱이 출시되어 있고 개성도 다양하기 때문에 한마디로 단정 짓기는 어렵다. 장기간의 적자를 감수하고 열심히 투자를 유치해 성장하는 스타트업도 있기는 하다.

내 사례를 말해보자면, '그루밍족'은 처음부터 끝까지 매출만 신경 썼다. 어차피 남성 성형이라는 콘셉트가 노린 타깃 자체가 20~30대 고관여 유저이기 때문이다. 태생적으로 유저가 몇십만, 몇백만 명으로 늘어날 수 없는 서비스이기 때문에 유저 수보다는 매출에만 집중했다.

'해주세요'는 매출과 유저 수 모두 신경 써야 하는 앱 서비스다. 유저 수가 늘면 심부름 매칭 성사율도 올라가고, 그것이 곧바로 매출로 이어지기 때문이다.

'해주세요' 출시 당시 내게는 어느 정도 자금이 있었다. 그걸 아는 주변 사람들은 처음에 무료로 풀어서라도 유저를 많이 모으라고 조언했다. 하지만 애초에 구상한 수익 모델대로 서비스를 운영해나갔다.

결과적으로 그렇게 하길 잘했다는 생각이 든다. '해주세요'를 출시하자마자 매출이 발생하기 시작했고, 그 수익금만으로도 여유롭게 자급자족하게 되었기 때문이다.

온라인 서비스를 운영하는 스타트업 대표들은 어떤 종류의 서비스든 간에 무조건 서비스 기획 단계에서부터 수익 모델을 세우고 매출 증대 방안을 꼼꼼하게 챙겨야 한다. 처음에 고안했던 수익 모델에 문제가 있다 싶으면 서비스를 운영하면서 조금씩 튜닝해가면 된다.

결국 마케팅의 핵심은
좋은 서비스다

—————————————— 각고의 노력 끝에 만든 서비스를 어떻게 하면 더 널리 알릴 수 있을까? 사실 마케팅에는 왕도가 없다. 전문가에게 조언을 구할 수도 있고, 책을 읽거나 인터넷을 검색해서 직접 마케팅 전략을 세울 수도 있다.

가장 전통적인 방법은 신문이나 TV 같은 대중매체에 광고 콘텐츠를 노출하거나, 지하철역이나 버스 정류장 등 공공장소에 스크린형 광고물을 설치해 인지도 상승을 노리는 것이다. 광고 효과는 확실한 대신 적잖은 돈을 쏟아부어야 한다는 단점이 있다.

마케팅 전문 대행사를 구하는 방안도 고려할 만하지만, 역시 돈이 문제다. 업체 관계자와 의논하다 보면 '돈이 없으면 내 서비스를 알리는 것도 어려운 일이구나' 하는 생각에 자괴감이 들고 괴롭다.

그러나 큰돈을 들인 광고가 무조건 효율적인 유저 유입으로 이어진다는 보장은 없다. 잘못된 콘셉트로 예상치 못한 역효과를 보는 사례도 적지 않다. 주어진 조건 안에서 최소 비용으로 최대

효과를 도모하는 것이 최선의 마케팅 전략이다.

현재로서는 대표가 직접 SNS 채널을 운영하는 것이 가장 '가성비' 좋은 방식으로 보인다. 스마트폰 시대가 열리면서 유튜브, 인스타그램, 페이스북, 인스타그램 등 다양한 모바일 플랫폼이 우리 손안에 들어왔기 때문이다.

스타트업 대표들에게 1순위로 권하고 싶은 SNS는 페이스북이다. 블로그처럼 공식 페이지를 개설하고 콘텐츠를 쌓는 방식으로 운영되는데, 유료 홍보 서비스를 이용하면 노출도를 늘릴 수 있다. 유튜브와 틱톡 등 동영상 플랫폼을 활용하는 것도 추천할 만하다.

서비스의 특성과 잘 맞는 마케팅 전략을 실행했다면, 타깃 유저의 반응을 살필 차례다. 광고를 접한 사람이 몇 명인지, 그중에 서비스 유저로 전환된 비율이 얼마나 되는지, 신규 유저의 재방문율은 어떤지 관찰해보는 것이다. 그렇게 서비스에 맞는 최적의 마케팅을 찾아가다 보면 어느 순간 진리를 깨닫게 된다. 결국 마케팅의 핵심은 좋은 서비스라는 사실이다.

수요가 충분하고 사용성이 좋은 서비스는 마케팅 비용의 몇 배, 몇십 배에 달하는 매출을 가져다준다. 광고는 거들 뿐, 초기 유저들 사이의 입소문을 타고 당신의 서비스는 멀리멀리 퍼져나간다. 좋은 서비스를 만들면 마케팅 비용도 절감할 수 있다는 얘기다.

그런데 품질도 좋지 않고, 있어도 그만 없어도 그만인 서비스라면 어떨까? 아무리 돈을 들여도 밑 빠진 독에 물 붓는 느낌만 들 것이다. 사람들은 그 서비스에 무관심할 것이고, 설사 설치했더라도 곧 삭제하고 다시는 사용하지 않을 것이다. 내가 '그루밍족' 이전에 만들었던 서비스들이 대체로 그랬다.

'그루밍족'과 '해주세요'는 달랐다. 투자한 비용의 몇 곱절로 유저가 늘었고, 나중에는 특별한 마케팅을 하지 않아도 유저 유입의 상승세가 유지되었다. 입소문 덕분에 포털이나 유튜브 검색에서 상위에 노출되는 빈도가 늘자, 알고리즘을 따라 자발적으로 찾아오는 유저도 생겨났다.

'해주세요' 카카오톡 채널에서 고객 응대를 할 때 어떻게 이 서비스를 알게 되었는지 묻곤 하는데, 최근에는 상당수가 스스로 검색해서 알게 되었다고 답한다. 어떤 일을 대신해줄 사람이 필요해서 '심부름' '대행' 등의 키워드로 검색하다가 '해주세요'라는 앱의 존재를 발견했다는 것이다.

사실 이것이 마케팅의 본질이고 핵심이다. 가성비 좋은 마케팅 전략을 세우기 전에 가성비 좋은 서비스를 만들어야 한다. 서비스 품질이 좋지 않으면 마케팅에 아무리 많은 돈을 쏟아도 말짱 도루묵이다.

고객 관리 조언, 해주세요

고객의 마음을
사라

────────────── '해주세요'를 운영하며 고객 응
대를 하다 보면 일반 고객이나 헬퍼들이 심부름 비용 때문에 불
만을 표출하는 경우를 종종 접한다. 서비스 특성상 대개는 몇천
원에 지나지 않는 소액을 둘러싸고 빚어지는 일들이다. 물론 누
군가에게는 그 몇천 원이 큰돈일 수 있지만 말이다.

그런데 항의하는 고객들의 이야기를 듣다 보면 고객이나 헬퍼
어느 한쪽이나 시스템이 문제라기보다는 상황이 문제인 경우가
많다.

'해주세요'는 고객이 심부름을 요청함과 동시에 주변 헬퍼들
에게 알림이 울리고, 헬퍼가 그 요청을 수락하는 방식으로 매칭
이 된다. 만일 헬퍼가 심부름을 시작한 후 일정 시간 뒤 고객이
개인 사정으로 심부름을 취소하면 고객은 페널티로 수수료를 지
급해야 한다.

헬퍼가 심부름을 시작한 지 10분 이내에 심부름을 취소하면 수

수료가 없지만, 10분이 지나면 3,000원이 부과되고, 20분이 경과하면 5,000원이 부과된다. 그리고 그 수수료는 고스란히 헬퍼에게 적립된다. 심부름은 취소되었으나 10분 혹은 20분 이상 고생한 헬퍼에 대한 보상으로 취소 수수료를 적립해주는 시스템이다.

그런데 가끔은 예상치 못한 상황이 발생한다. 어느 날 한 헬퍼가 고객센터로 연락을 했다. 그는 잔뜩 화가 나서 두서없이 이야기를 쏟아냈다. 맥도날드에서 햄버거를 사달라는 고객의 요청을 받고 심부름을 수행했는데, 그가 심부름을 시작한 지 10분도 안 돼서 고객이 요청을 취소했다는 것이다.

한창 이동 중이었던 헬퍼가 심부름 취소 알림을 확인한 때는 맥도날드에서 햄버거를 구매한 직후였다. 햄버거까지 구매했는데 심부름은 이미 취소되었고, 더군다나 10분 이내에 취소됐기 때문에 취소 수수료도 적립 받지 못하는 상황이었다. 분노한 헬퍼는 소리를 질러대며 불만을 표했다.

"이 추운 날 맥도날드까지 뛰어가느라고 내가 얼마나 고생했는데, 그사이에 취소하다니 말이 돼요? 햄버거라도 안 샀으면 말을 안 해요. 이미 내 돈으로 햄버거까지 구매했는데 취소하다니, 이거 일부러 취소 수수료도 못 받게 10분 되기 전에 취소한 거 아닙니까?"

당시 고객 응대 중이던 나는 심호흡을 한 후 나지막하게 답했다.

"헬퍼님, 규정성 심부름 시작 후 10분 이내에 취소가 되면 취소 수수료 지급이 안 됩니다."

"무슨 규정이 그따위랍니까? 그 규정이라는 것도 심부름 요청하는 사람들한테만 유리하게 만들어진 거 아닌가요? 이거 시스템 문제잖아! 맥도날드 갔다 오는 데 쓴 내 시간, 햄버거 사는 데쓴 내 돈, 이거 어떻게 보상할 거냐고!"

규정대로라면 알림을 확인하지 않은 그에게 우리가 해줄 보상은 없었다. 그러나 격앙된 그에게 '규정'을 이야기하는 것이 무슨 의미가 있을까? 그 헬퍼는 분명 계정을 삭제하고 앱을 지울 것이다. 나는 분명히 규정대로 했는데도 고객 1명을 잃는 손해를 감수해야 한다. 이럴 때 어떤 선택을 해야 할 것인가?

"헬퍼님, 방금 저희가 심부름 취소 수수료 5,000원 적립해드렸고, 맥도날드에서 구매하신 음식값도 입금해드렸습니다."
"네? 아니, 음식값도요?"

그가 순간 당황해서 말을 더듬었다.

"헬퍼님께서 취소 알림을 확인하지 못한 잘못은 분명 있지만, 또 헬퍼님 입장에서 보면 추운 날 심부름하시느라고 고생하셨는데 얼마나 속상하시겠습니까? 저희 '해주세요'가 위로하고 응원하는 마음으로 음식값을 입금해드렸으니 힘내십시오."

"아, 정말 생각지도 못했는데 너무너무 고맙습니다."

통화는 훈훈하게 마무리되었다.

고객 응대를 하다 보면 예상치 않은 일들이 다양하게 벌어진다. 최대한 감정을 억누르고 이성적으로 판단하려 노력하지만, 때때로 상대가 고성을 지르거나 무리한 요구를 하면 잘잘못을 가리고 싶은 충동이 일기도 한다. 자칫 감정에 휩쓸리거나 규정에 얽매여 그가 우리의 소중한 고객임을 망각할 때도 있다.

그러나 우리가 한순간도 잊지 말아야 할 것은 고객 중심의 사고다. 회사 규정도 물론 중요하지만 그 규정의 올바름을 증명하기 위해 고객과 싸워서는 안 된다. 때로는 손해를 감수하더라도 고객의 마음을 사야 한다. 멀리 내다보면 그편이 훨씬 큰 이익을 가져오기 때문이다.

고객을 화나게
하지 마라

─────────────── 온라인 서비스 플랫폼이 관리하는 고객은 몇십, 몇백 명 단위가 아니다. 잘되는 서비스의 경우에는 몇십만, 몇백만 명이 될 수도 있다. 앱 서비스를 운영하다 보면 화가 난 고객을 상대해야 하는 때가 종종 있다.

고객들이 화가 난 이유는 다양하다. 결제 오류 등 시스템의 문제일 수도 있고, 고객 응대를 하는 직원의 태도 문제일 수도 있다. 어떤 연유로든 불만을 느낀 고객들은 고객센터에 연락해서 언성을 높여 항의한다. 단 몇 시간이라도 항의하는 고객을 상대해본 사람이라면 감정노동자 보호법이 왜 생겼는지 알 수 있을 것이다.

특히 결제를 하는 고객은 결제를 하지 않는 고객보다 감정 표출 정도가 몇 배는 심하다. 일정한 비용을 지불하고 서비스를 이용하는 고객들은 불편 사항이 있으면 참지 않고 곧바로 고객센터에 항의하거나 '악플'을 다는 것이 자신의 권리라고 믿는 편이나.

'그루밍족'과 '해주세요'를 동시에 운영하다 보니 결제를 하는 고객과 하지 않는 고객의 차이가 눈에 들어왔다. 사실 '그루밍족' 고객들은 앱에서 자신의 돈이 들지 않기 때문에 고객 문의도 거의 안 하고, 간혹 문의를 해도 화내는 사람이 없다. 주로 화를 내는 쪽은 비용을 지불하는 입점 병원들이다.

크든 작든 금전 문제가 얽혀 있는 고객들은 당당하게 화를 내고 언성을 높이는 경향이 있다. 심부름을 이용하는 고객들은 비용을 지불하는 입장에서 심부름 결과가 불만족스러우면 화를 내고, 헬퍼들은 받을 돈을 못 받았다거나 그 액수가 기대에 미치지 못하면 언성을 높인다.

고객들이 화나 있을 때는 절대로 화를 돋우면 안 된다. 고객의 말에 공감을 표하고, 그의 분노를 인정해주는 것이 먼저다. 설사 회사가 다소 손해를 보더라도 일단은 사과하고, 큰 비용이 아니라면 가능한 한 환불해주는 것이 좋다. 때로는 이러한 해결 방식이 비상식적이고 비합리적으로 여겨질 수도 있겠지만, 그에 합당한 보상은 반드시 책임져야 이치에 맞는 것이다.

신기한 것은, 그렇게 노발대발 화를 내던 고객도 환불이 되는 순간 언제 그랬냐는 듯이 정중하고 예의 바른 태도로 돌아간다는 것이다. 심지어 '감사합니다'를 연발하며 '좋은 하루 보내세요!'라고 인사를 건네며 대화를 마무리하는 사람도 있다.

고객을 화나게 하지 마라. 고객을 화나게 하면 그 한 사람의 고객을 잃는 데서 일이 끝나지 않는다. 상식에서 벗어난 요구를 한다고 고객들을 무시하면 그늘은 본인이 할 수 있는 모든 일을 다하게 될 것이다. 커뮤니티에 우리 서비스를 비난하는 글을 올리기도 하고, 앱스토어에 악플을 달기도 하며, 친구들과 지인들에게 나쁜 소문을 퍼트리기도 한다. 기업 이미지가 추락하면, 그 손해를 복구하는 데는 비용이 훨씬 많이 들 것이다.

서비스 운영은
엄격하게 하라

———————————— '해주세요'를 운영하다 보면 일반 고객이건 헬퍼이건 100명 중 1명은 비상식적인 사람이 나타난다.

아주 가끔 불건전한 심부름을 요청하는 사람들이 있다. 헬퍼 중에는 고객의 심부름을 수락한 뒤 특별한 이유 없이 수행하지 않는 사람도 있다. 그냥 마음이 내키지 않다거나, 욕심을 부려 여러 심부름 요청을 동시에 수락했다가 포기했다거나, 그 이유는 심부름의 수만큼 다양하다. 이런 행위들을 용인하면 서비스가 제대로 운영될 수가 없다.

'해주세요'의 장점 중 하나는 규정이 상당히 엄격하다는 것이다. 불건전하거나 불법적인 심부름을 요청하는 사람들을 가차 없이 탈퇴 처리한다. 재가입도 불가능하다. 두 번의 찬스가 없는 원 스트라이크 원 아웃이다.

늦게 도착했거나, 거짓말을 했다거나, 심부름을 수락한 뒤 변심해서 취소하는 등 일반 규정을 위반한 헬퍼에 대해서는 투 스트라이크 원 아웃으로 대응한다.

처음 규정 위반을 하면 30일 헬퍼 활동 정지다. 운영자 입장에서는 한 번의 기회를 더 주는 것이지만, 활동 정지 알림을 받은 헬퍼 중 열에 아홉은 카카오톡 채널을 통해 항의한다.

"아니 내가 뭘 그리 잘못했다고 30일이나 활동 정지를 먹입니까? 너무 심한 거 아니에요?"

"이까짓 헬퍼 안 하면 그만이야! 여기 아니면 일할 데 없는 줄 아나? 좋은 말 할 때, 지금까지 내가 번 돈 당장 입금하세요."

"누구 마음대로 활동 정지야? 노동청에 신고할 거야. 각오해!"

심지어 이런 일도 있었다. 어느 날, 늦은 저녁 시간에 카카오톡 채널로 문자가 들어왔다.

"거기 회사 주소가 서울시 강남구 ○○○ ○○ 맞죠?"

"네, 고객님. 무슨 일 때문에 그러세요?"

"지금 거기로 찾아가려고요. 직접 만나야 얘기가 통할 것 같아서요. 여기 헬퍼인데, 오늘 활동 정지를 당했어요."

"아… 규정 위반으로 30일 활동 정지가 되셨네요."

"됐고요, 내 수익금 당장 입금하세요. 바로 탈퇴할 거니까."

"고객님, 저희 규정상 탈퇴하신 경우는 수익금을 다음 날 지급합니다. 하루만 기다려주시면 내일 오후 4시까지 차질 없이 입금됩니다."

"어차피 탈퇴할 건데, 내가 왜 기다려야 해요? 다 필요 없고, 당장 입금해요. 안 그러면 사무실 찾아갑니다."

그 헬퍼는 하루도 기다릴 수 없다면서 그날 저녁 내내 '입금하지 않으면 찾아가겠다'는 협박을 되풀이했다. 그러나 내 입장은 변하지 않았다.

물론 좋은 게 좋은 거라는 식으로 넘어가면 고객 응대를 하는 입장으로서는 훨씬 편할 것이다. 하지만 이럴 때일수록 더 냉정하게 대응하는 것이 대다수 고객과 헬퍼를 위해 옳은 방향이라고 믿는다. 1명의 비위를 상하지 않게 하기 위해서 원칙을 무너뜨린다면 절대로 제대로 된 서비스 커뮤니티를 만들어나갈 수가 없다.

커뮤니티 운영을 느슨하게 하면 고객들의 만족도는 떨어질 수밖에 없다. 느슨해진 틈을 타고 헬퍼가 고객에게 심부름비를 더 요구한다거나, 심부름 취소를 남발하면 그 피해는 고스란히 고객들에게 돌아가게 된다.

　이런 일들이 처음부터 불가능하도록 서비스 운영을 엄격하게 하는 것만이 서비스 안정을 위한 최선의 길이라고 생각한다.

고객 응대는
대표가 하라

——————————— 스타트업 대표들에게는 '고객 응대는 대표가 하라'는 말이 생소하게 느껴질 것이다. 대부분의 회사에는 CS 담당 직원이 있고 그 직원은 정규직이 아니라 계약직 직원인 경우가 많기 때문이다.

그러나 대기업이 아닌 우리 같은 스타트업의 경우에는 대표가 고객 응대를 하는 것이 맞다. 대표가 워낙 하는 일이 많아서 고객 응대를 도맡지 못할 상황이라면 적어도 일부분이라도 대표가 해야 한다. 그 이유는 두 가지다.

(1) 고객 응대는 사업의 핵심

사업에서 가장 중요한 부분을 꼽으라면 대부분의 스타트업 대표는 기획이나 개발, 마케팅을 최우선 순위로 꼽는다. 물론 하나하나 매우 중요한 분야다. 그러나 일단 서비스가 출시되고 정상 운영되기 시작하면 고객 응대가 가장 중요한 요소가 된다.

고객이 없는 서비스를 생각해보았는가? 고객이 없다면 사실 서비스는 부의미하다. 고객들의 만족도는 내 서비스를 평가하는 하나의 척도가 될 수 있다. 고객들의 불만이 많다면 우리 서비스가 잘못돼 있다는 거고, 고객들의 만족도가 높다면 서비스 품질이 괜찮다는 얘기다.

2021년 6월 '해주세요'를 출시한 직후 고객 문의가 굉장히 많았다. 밤잠을 거의 못 자고 고객을 상대했다. 몸은 너무 고되고 힘들었지만, 그때 고객들이 제기한 문제점들을 바로바로 개선한 덕분에 '해주세요'가 더 빠르고 바르게 성장할 수 있었다고 생각한다.

(2) 고객 응대는 대표가 직접 할 때 가장 효율적

고객들의 목소리를 현장에서 듣다 보면 고객의 불편 사항을 곧바로 파악할 수 있다. 그러면 결정권을 가진 대표는 즉각 개선 작업에 착수할 수 있고, 자연히 고객들의 만족도는 높아질 수밖에 없다. 나아가 대표는 서비스 운영 방침 및 전략 등을 더욱 예리하게 수립해갈 수 있다.

실제로, 대표인 내가 직접 고객 응대를 하다보니 고객 만족도가 크게 향상되었다. 앱에 달리는 긍정적인 리뷰도 그전보다 훨씬 많아졌다. 어떤 고개은 '이 앱은 고개 문의에 답변이 빠르고,

곧바로 개선한다'며 칭찬의 글을 남기기도 했다.

그래서 스타트업 대표들에게 아무리 바빠도 하루에 몇 시간쯤 은 직접 고객 응대를 하라고 권하고 싶다. 서비스를 이용하는 고 객의 목소리를 직접 듣는 것과 직원을 통해서 듣는 것은 천양지 차다.

현장의 최일선에서 고객의 목소리를 듣고, 불편한 점을 하나하 나 직접 개선해주다 보면 서비스 품질도 좋아지고, 대표의 순발 력과 유연성, 위기 대처 능력도 함께 성장하는 것을 느낄 것이다.

고객 응대를 하다 보면 폭언과 욕설을 듣는 경우가 비일비재 하다. 새벽에 채팅으로 문의했을 때 곧바로 답변이 없다고 화를 내는 고객도 있고, 앱스토어나 플레이스토어에 가서 모두가 보라 는 듯이 항의를 하는 고객들도 있다.

이러한 '진상 고객'은 머리에 뿔 난 사람들이 아니다. 우리 주 변에 있는 평범하고 상식적인 사람들이다. 평소에는 점잖고 예의 바르게 생활하다가 자신이 '갑'이 되었음을 자각하면 전화나 채 팅, 문자라는 매체 뒤에서 난폭성을 드러내는 것이다.

'진상 고객'을 피할 수는 없다. 하지만, 최대한 방지할 수 있는 방법이 두 가지 있다.

(1) 빨리 답변하고 적극적으로 문제를 해결할 것

전화로 응대를 하든 채팅으로 응대하는 고객 문의가 오면 1분 안에 답변하는 것이 좋다. 예의 바른 어휘와 이모티콘 사용은 그 다음 문제다. 가장 좋은 것은 문의가 들어오자마자 바로 답변하는 것이다. 빠른 답변은 별것 아닌 것 같지만 큰 힘을 발휘한다.

고객의 입장에서 생각해보라. 인터넷 연결이 안 되어 고객센터에 전화를 걸었는데 종일 묵묵부답이라면 얼마나 답답하겠는가?

대기업의 고객들은 짜증 나고 불만스러워도 그 대기업의 상품이나 서비스 없이 일상을 영위하기 힘드므로 속수무책이다. 그러나 우리같이 영세한 스타트업이 출시한 서비스라면 어떨까? 고객들은 작은 불만만 있어도 당장 앱을 지워버린다. 특히나 경쟁사가 있다면 두 번 생각하지 않고 그리로 가버린다.

언제든 떠날 준비만 하는 것 같은 고객이지만, 빠른 속도로 답변하고 문제를 해결해주면 고객 만족도와 충성도가 높아지게 돼 있다.

(2) 고객의 요청에 365일 24시간 상시 응답할 것

온라인 서비스는 일반 기업처럼 아침 9시부터 6시까지만 운영할 수 없다. 특히 '해주세요' 같은 서비스는 고객들의 심부름 요청이 밤낮을 가리지 않는다. 새벽이든 한밤중이든 고객의 요청이 오면 헬퍼는 돈을 벌기 위해 심부름을 수행한다. 그렇기 때문에 우리 같은 회사에서는 연중무휴 24시간 운영 체제를 갖춰야 하는 것이다.

물론 모든 스타트업이 24시간 고객 응대를 할 수는 없다. 온라인 서비스를 하는 스타트업이 아니라면 굳이 그렇게까지 할 필요는 없다. 하지만, 여력이 되고 고객들에게 사랑받는 기업이 되고 싶다면 '24시간 연중무휴, 빠른 고객 응대'를 실천해보라. 반드시 고객 만족도를 끌어올릴 수 있을 것이다.

스타트업을 하는 대표들은 늘 고객의 목소리에 귀를 기울이고 그 의미를 곱씹어야 한다. 그런 노력이 계속해서 축적되면 어느 순간 자신의 서비스가 나아가야 할 방향이 보일 것이다. 모든 해답은 고객의 목소리에 있다.

완벽주의 성향이
고객 만족도를 높인다

———————————— 어느 날 네이버 창업자 이해진 의장이 한 직원을 불렀다. 호출된 직원은 잔뜩 긴장해서 의장실로 갔다. 이 의장은 모니터 화면의 한 지점을 가리키며 직원에게 말했다.

"여기, 오타가 있습니다."

네이버 사이트에 오타가 있다고 지적한 것이다.

그날 이후 회사에서는 '이해진 의장이 보기보다 쫀쫀하다'는 소문이 났다고 한다. 오타 하나 난 걸 가지고 네이버 대표라는 사람이 '쫀쫀하게' 지적하느냐는 것이다. 그러나 나는 그 이야기를 듣고 '과연!' 하며 고개를 끄덕였다.

쉽게 지나칠 수 있는 오타도 그냥 넘어갈 수 없는 것, 직원들을 피곤하게 만드는 완벽주의 성향이다. 남들은 그냥 넘어갈 수 있을지 몰라도 대표는 그냥 넘어갈 수가 없는 것이다. 이해진 의장에 비할 바는 아니지만, 이 점에서만큼은 나도 성향이 비슷하다. 오타는 물론이거니와 띄어쓰기, 줄 바꿈 하나도 그냥 넘어가지 않는다.

대표의 이런 지나칠 정도의 꼼꼼함이 함께 일하는 사람들을 굉장히 피곤하게 만든다는 사실은 안다. 창업 초반에 나의 '쫀쫀함'에 학을 뗀 직원들이 '이렇게까지 해야 하는 거냐'며 불만을 토로하기도 하고, 심한 경우 퇴사하기도 했다. 인간적으로 미안할 때도 있지만, 사업에서는 완벽을 추구해야 한다는 것이 나의 일관된 신념이다.

우리가 만드는 서비스는 수많은 고객을 대상으로 운영된다. 그 고객 중에는 '뭐 그럴 수도 있지' 하고 가볍게 넘어가는 사람도 있겠지만, '왜 이렇게 오타가 많아? 글 올리기 전에 교정도 안 보나? 성의가 없네' 하고 실망하는 사람도 분명히 있다. 서비스의 '옥에 티'를 발견한 고객이 그것만으로도 회사에 대한 신뢰를 버리게 될 수 있다.

크든 작든 자신의 실수에 관대한 사람은 프로가 아니다. 나도 종종 온라인 사이트에서 상품을 구매하거나 서비스를 이용할 때 오타가 눈에 띄거나 띄어쓰기가 잘 안 돼 있으면 그 회사에 대한 신뢰도가 떨어진다. 그 회사의 서비스에 대해서도, '디테일에 무

신경한 회사가 과연 서비스를 잘 만들었을까?' 하고 색안경을 끼고 보게 된다. 역으로, 내가 만드는 서비스가 고객들에게 그렇게 인식된다는 건 생각하기도 싫다.

앞서 대표가 완벽주의자면 주변 사람들이 피곤하다고 했지만, 사실 가장 피곤한 사람은 대표 본인이다. 다른 사람 눈에는 잘 보이지 않는 작은 흠이 너무 잘 보이기 때문이다.

나는 서비스 기획부터 개발, 디자인, CS, 마케팅까지 눈에 걸리는 게 너무 많아서 작은 것 하나 허투루 지나갈 수가 없다. 옥에 티를 일일이 찾아내서 완벽하게 수정해야 안심이 되고 잠을 잘 수 있다.

그런데 정말 신기한 것은, 아무도 신경 쓰지 않을 것 같은 그 노고를 결국은 우리의 서비스를 사용하는 고객들이 알아봐준다는 사실이다. 내가 운영하는 서비스에 흠이 사라질수록 고객들의 재방문율이 높아지고, 회사를 향한 고객들의 충성도가 올라가는 걸 서비스 지표로 확인할 때의 희열과 보람은 이루 형언할 수가 없다.

지금도 완벽주의자가 스타트업 대표로서 경쟁력이 있다고 생각한다. 눈에 보이는 성공을 거두는 1퍼센트가 되는 비결은 눈에 보이지 않는 1퍼센트의 디테일에 숨어 있다. 수많은 고객을 대상으로 서비스를 성공시키려면 지나치기 쉬운 사소한 디테일까지 꼼꼼하게 챙겨야 한다. 그것이 고객 만족의 핵심이며 정식이나.

일단
실행하라

─────────────── 스타트업 대표가 되면 '이것을 할 것인가, 말 것인가' 혼자 결정을 내려야 하는 순간이 잦아진다.

흑과 백, 선과 악처럼 판단의 기준이 명료하다면 오래 고민할 필요가 없을 것이다. 하지만 어느 정도 경험치가 쌓이기 전에는, 해보기 전에는 좋은지 나쁜지 판단하기 어려운 결정이 대부분이다.

그럴 때는 기회비용을 감수하더라도 한번 실행해보라고 권하고 싶다. 미적미적 결정을 미루다가는 나중에 두고두고 후회하게 된다. 미련이 남지 않도록 일단 저질러보자. 실행한 후에 계속할지 아니면 관둘지 판단해도 늦지 않는다.

마케팅 수단 A를 사용할지 말지 확신이 서지 않는 상황이라고 가정해보자. 수중에 있는 자금은 넉넉지 않고, 매출은 더더욱 저조하다.

이런 상황에서 나는 고민할 시간에 일단 해보자는 쪽이다. 최소한의 예산만 투자해서 한 달 정도 지켜보기로 한다. 다음 달에도 A를 사용할지는 다음 달에 결정한다. 한 달 동안 별 효과가 없다면 중단하면 되고, 가능성이 보인다면 계속하면 되는 것이다.

실체가 없는 상상 속 리스크가 두려워서 아무것도 안 한다면 아무것도 바랄 수 없다. 서비스 기획이든 마케팅이든 일단 실행하는 것이 중요하다.

단, 예외는 있다. 직원 채용만큼은 도박을 해서는 안 된다. 잘못된 인사라는 판단이 들었다고 해서 마음대로 해고할 수도 없기 때문이다.

직원의 월급과 미래를 책임질 자신이 없다면, 아예 직원을 뽑지 마라.

늘 갈망하고
우직하게 나아가라

——————————————— 지금으로부터 30년 전, 제프 베조스는 아마존을 창업하기 전까지 미국 월스트리트에 있는 헤지펀드 회사에서 연봉 10억 원을 받는 잘나가는 직장인이었다.

어느 날 베조스는 인터넷 유저가 한 해에만 2,300퍼센트 이상 증가하고 있다는 통계를 보고 인터넷 서점을 차리기로 마음먹었다. 고액의 연봉과 연말 보너스를 포기하고 스타트업을 창업하겠다는 베조스에게 직장 상사는 48시간 동안 심사숙고한 뒤 최종 결정을 내리라고 조언했다.

베조스는 창업을 할지 말지 결정을 내리는 데 도움이 될 만한 '프레임 워크'를 먼저 구상했다. 그의 목표는 인간의 평균 수명인

80세에 다다랐을 때 후회하지 않을 결정을 내리는 것이었다. 그는 노인이 된 자신을 상상해보았다. 죽음을 앞두고 무엇을 후회하고, 후회하지 않을 것인가?

그는 결과에 상관없이 무언가 새로운 도전을 시작한 순간을 후회하지는 않으리라는 확신이 들었다. 반대로 실패나 패배가 두려워 새로운 도전을 포기한 순간들은 부끄럽고 한심스러울 것 같았다.

우리는 그가 48시간 뒤 내린 결론을 알고 있다. 제프 베조스는 회사를 그만두고 인터넷 서점 아마존을 창업했다. 평범한 가정집 차고에서 설립된 아마존은 세계에서 가장 많은 고객을 보유한 IT 기업 중 하나가 되었다.

성공한 창업자의 대표주자인 제프 베조스도 창업을 앞두고는 전 생애를 건 심사숙고를 거쳤다. 창업은 그만큼 힘든 일이기 때문이다. 드라마 같은 성공을 거둔 몇몇 사례에 환호하며 막연하게 화려한 꿈을 꾸어서는 안 된다.

피라미드 아래쪽에 쌓인 무수한 실패의 기록들을 직시하고, 같은 실수를 반복하지 않을 자신이 들었을 때 확고한 신념이 있을 때 창업해야 후회를 줄일 수 있다.

나는 준비가 부족한 상태에서 창업해서 그야말로 지옥을 맛보

왔다. 내 주변에 성공한 스타트업 창업자가 많고, 그들의 성공이 멋져 보였고, 나 자신의 '깜'과 능력이 충분하다고 착각한 채로 창업을 한 것이다.

신념도 경험도 없이 스타트업 세계에 뛰어든 결과는 처참했다. 두 차례의 폐업 위기를 넘기며 5년 넘게 고생만 했다. 다행히 '그루밍족'과 '해주세요'가 성공을 거두면서 지옥에서 탈출했지만, 나에게 또다시 그런 위기가 오지 않으리라는 보장은 없다. 세상은 예상할 수 없는 일들로 가득하기 때문이다. 그러나 잔뼈가 굵어진 만큼 어떤 어려움이 닥치든 예전보다 더 덤덤하게 버티고 이겨내리라고 믿는다.

얼마 전 TV에서 스타트업 창업을 꿈꾸는 청년이 '멋지게 성공해서 행복하게 살고 싶다'고 말하는 장면을 보고 쓴웃음을 지은 적이 있다. 스타트업의 현실은 동화 속 해피엔딩처럼 "행복하게 잘 살았더래요"로 끝나지 않는다. 뼈를 깎고 근육을 조이는 나날이 계속된다.

특히 '해주세요'처럼 하루에도 수만 명, 수십만 명이 찾는 앱 서비스의 경우 언제 어떤 사고가 터질지 예측할 수 없다. 사용자 폭증으로 서버가 다운될 수도 있고, 유저 간에 갈등이 발생하거나 법적 분쟁이 생길 수도 있다.

당신이 만일 '평범한' 일상의 행복을 꿈꾼다면 스타트업 창업은 하지 않는 게 좋다. 스타트업을 운영하는 사람 중 '워라밸'을 누리는 사람은 없다. 직장인은 퇴근 후의 삶이라도 보장받지만 스타트업을 하면 깨어 있는 내내 일해야 한다. 여행이나 취미생활은 꿈도 꿀 수 없다.

일정한 성공을 거두었을 때 오는 성취감은 있다. 이 성취감에 매료되어 앞만 보고 전진하는 것이다.

역사상 가장 위대한 기업가로 꼽히는 스티브 잡스는 미혼모의 아들로 태어나 친부모에게 버림받고 입양되었다. 그는 양부모의 사랑을 받으며 성장했다. 하지만 언제나 채울 수 없는 결핍감에 시달렸고 매사에 병적으로 집착했다.

잡스는 특유의 완벽주의 성향을 애플의 창업과 운영에 활용하며 21세기 혁신의 아이콘이 되었지만, 50대에 췌장암으로 불꽃 같은 생을 마감했다.

"다른 사람의 삶을 사느라 인생을 허비하지 마십시오. 가장 중요한 것은 용기를 가지고 자신의 직관을 따르는 것입니다."

2005년 스탠퍼드대학교 졸업식 연사로 연단에 선 스티브 잡스는 위와 같은 말로 대학의 울타리에서 벗어나 사회에 첫발을 내딛는 청년들의 심금을 울렸다.

스타트업 성공을 꿈꾸는 당신에게 스티브 잡스의 또 다른 한마디를 공유하고 싶다.

Stay hungry, stay foolish.
늘 갈망하고 우직하게 나아가라.